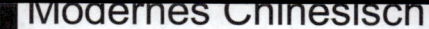

刘德联 张园 编著
叶向阳 译

新概念汉语

初级本 I

Grundstufe I

（德文注释本）

北京大学出版社
北京

图书在版编目（CIP）数据

新概念汉语.德文注释本（初级本Ⅰ）/刘德联,张园编著. —北京：北京大学出版社，2004.8
（北大版新一代对外汉语教材·基础教程系列）
ISBN 7-301-07535-9

Ⅰ.新…　Ⅱ.①刘…　②张…　Ⅲ.汉语－对外汉语教学－教材　Ⅳ.H195.4

中国版本图书馆 CIP 数据核字 (2004) 第 057333 号

| 书　　　名：新概念汉语.德文注释本（初级本Ⅰ）
| 著作责任者：刘德联　张　园　编著　叶向阳　译
| 责 任 编 辑：张弘泓
| 标 准 书 号：ISBN 7-301-07535-9/H·1035
| 出 版 发 行：北京大学出版社
| 地　　　址：北京市海淀区成府路 205 号　100871
| 网　　　址：http://cbs.pku.edu.cn
| 电　　　话：邮购部 62752015　发行部 62750672　编辑部 62753334
| 电 子 邮 箱：zpup@pup.pku.edu.cn
| 排　　　版：北京华伦图文制作中心
| 印　　　刷：北京中科印刷有限公司
| 经 销 者：新华书店
　　　　　　787 毫米×1092 毫米　16 开本　12.75 印张　326 千字
　　　　　　2004 年 8 月第 1 版　2005 年 11 月第 2 次印刷
| 定　　　价：40.00 元

未经许可，不得以任何方式复制或抄袭本书之部分或全部内容。
版权所有，翻版必究

目 录
Inhalt

前言 ………………………………………………………………… 1
Vorwort …………………………………………………………… 1

第一课　我的中国名字叫罗乔丹
Lektion 1　Mein chinesischer Name ist Luo Qiaodan. ………… 1

第二课　他是半个美国人
Lektion 2　Er ist ein halber Amerikaner. ……………………… 6

第三课　我的雨伞哪儿去了？
Lektion 3　Wo ist mein Regenschirm hingekommen? ………… 12

第四课　你们喜欢吃冰激凌吗？
Lektion 4　Esst ihr gern Eiscreme? ……………………………… 18

第五课　应该当你的姐姐
Lektion 5　Ich soll deine ältere Schwester sein. ……………… 23

第六课　那你怎么教？
Lektion 6　Wie kannst du unterrichten? ………………………… 28

第七课　这儿是日本餐馆儿
Lektion 7　Dies hier ist ein japanisches Restaurant. ………… 34

第八课　啊？在我家？
Lektion 8　Was? Bei mir zu Hause? ……………………………… 39

第九课 我也想知道
Lektion 9　Ich möchte es auch wissen. 44

第十课 乔丹的朋友就是我的朋友
Lektion 10　Qiaodan's Freunde sind auch meine Freunde. 49

第十一课 这么贵？
Lektion 11　So teuer? 54

第十二课 你真可怜
Lektion 12　Du Arme! 60

第十三课 真拿你没办法
Lektion 13　Was kann ich mit dir machen? 65

第十四课 再要半条鱼吧
Lektion 14　Ich möchte noch eine Halben Fisch? 70

第十五课 她说我太胖了
Lektion 15　Sie meint, dass ich zu dick bin. 75

第十六课 这是最肥的
Lektion 16　Das sind die weitesten. 81

第十七课 祝你生日快乐
Lektion 17　Herzlichen Glückwunsch zum Geburtstag! 87

第十八课 你们不想来尝尝吗？
Lektion 18　Wollt ihr nicht (mal) probieren? 93

第十九课　我最讨厌考试
Lektion 19　Am meisten hasse ich Prüfungen！ ················· 98

第二十课　这还近哪?
Lektion 20　Das nennen Sie nah? ······························ 103

第二十一课　还是骑车去好
Lektion 21　Es ist besser, mit dem Fahrrad hinzufahren. ······· 108

第二十二课　不好吃也得吃啊
Lektion 22　Obwohl es nicht schmeckt, mußt du's trotzdem essen. ········ 114

第二十三课　不能吃臭豆腐的,不算是北京人
Lektion 23　Wer keinen stinkenden Tofu essen kann,
　　　　　　der ist kein Pekinger. ···························· 119

第二十四课　别太玩儿命
Lektion 24　Sei nicht so hart mit dir selbst. ················· 125

第二十五课　我的运气怎么那么不好?
Lektion 25　Wieso habe ich so ein Pech? ······················ 131

第二十六课　今天晚上盖什么?
Lektion 26　Was benutze ich denn (zum Decken) heute nacht? ······ 136

第二十七课　你饶了我吧
Lektion 27　Hab Erbarmen mit mir! ···························· 142

第二十八课　现在转学来得及吗?
Lektion 28　Kann ich die Schule noch rechtzeitig wechseln? ······ 148

第二十九课　我到现在还没有女朋友
Lektion 29　Ich habe noch keine Freundin. ································ 154

第三十课　又是去吃麦当劳？
Lektion 30　Wieder McDonald's? ······································· 159

"听录音，写句子"文本
Hörtexte ··· 164

"翻译练习"参考答案
„Übersetzen" Schlüssel ·· 172

生词总表
Vokabular ·· 177

前　言

要学好汉语,选择一部好教材是至关重要的。

什么是好教材?内容要生动有趣,语法要深入浅出,语句要简洁实用,这些无疑都是学习者的愿望,也是对教材编写者的要求。我们在编写这部教材的时候,充分考虑到以上几点。

我们本着创新、实用、通俗、风趣的原则,编写了这部《新概念汉语》初级本,该教材具有以下鲜明的特色:

其一,以图助读。在文字产生之前,人们是通过图画进行交流的。图画可以说是一种世界性的语言。本教材考虑到初次接触汉字的学习者的识字困难,在课文和练习中配有大量的图画。当初学者被密密麻麻、形态各异的方块字搞得有些望而生畏的时候,适当的图解既可以帮助学习者了解所学词语的意义,也会增加他们学习的兴趣。

其二,寓功能、结构于情景之中。语言学习的初级阶段,是积攒语料、为今后系统学习语言知识打下良好基础的阶段。抽象的语言知识的学习,会使学习者感到索然无味。初学者在学习一种新语言的时候,往往有学以致用的愿望。他们学一句,就希望在生活中用上,从而得到某种成功的快乐享受。本教材选用贴近学习者生活的自然语言,以学习者可能接触的生活情景和交际话题来编写课文,让学习者所学语句,像他们随身携带的钥匙,在需要使用的情景下,随时可以拿出来使用。

其三,语法点的自然融入。在汉语学习的初级阶段,从理论上系统学习汉语语法知识显然是不现实的。本教材包含国家对外汉语教学领导小组办公室汉语水平考试部编写的《语法等级大纲》中的一百二十九项甲级语法点,并全部以句子的形式出现在课文中,但是并不从语法概念上进行讲解,只是辅之以相关练习,让学习者每学习一句,就了解一种语法现象,为学习者今后的语法学习打一个基础。

其四,注重语言的趣味性。以往,人们将语言学习看做是枯燥的事情,"非下苦功不可"。其实不尽然。我们的生活中充满快乐,人们在生活中的交际语言也充满风趣、幽默。为什么我们不把这样活生生的语言吸收到我们的课文中来呢?过去教材的编写者多感觉初级教材的语言难以编"活"。本教材在这方面进行了有益的尝试。相信本教材的选用者会在学习中愉悦心情,排除枯燥的烦恼,在会心的微笑中轻轻松松地学会一门语言。

其五,使用的广泛性。本教材融听说读写于一体,采取循序渐进的原则,既有语法点的系统分布,又有生动活泼的日常会话,可以用于综合性的汉语课,也可以单独用做口语课教材。同时,本教材极适合用做短期汉语教材、海外汉语学习教材以及自学教材。

《新概念汉语》初级本分Ⅰ、Ⅱ两册,共五十五课。课文全部有德文翻译。生词翻译只选择课文语境中出现的词义,避免混淆。每课课文后面,选取生活中常用的或有显著语法

特征的句型做专门练习。课后通过各种听说读写练习及语言游戏巩固所学语句及知识。

　　本教材没有专门的语音知识讲座，但是系统的语音知识的练习贯穿教材的始终。学习者通过语音练习，会逐步掌握汉语语音的要点。

　　本教材在编写过程中，得到北京大学出版社的郭力老师、沈浦娜老师的热情指导，在此一并表示感谢。

编者
2002年6月于北京大学

Vorwort

Um Chinesisch gut zu lernen, ist ein gutes Lehrbuch sehr wichtig.

Was ist ein gutes Lehrbuch? Der Inhalt muss eindrucksvoll und interessant sein; Die Grammatik muss die tiefgründigen Fragen gemeinverständlich erklären; Die Sprache und die Sätze müssen knapp, klar, und praktisch anwendbar sein. Zweifellos sind diese nicht nur die Wünsche der Lerner, sondern auch die Forderung an die Verfasser des Buches. Wir denken doch genügend darüber nach, während wir das Buch schreiben.

Die Prinzipien dieses »Modernes Chinesisch« sind: neu ideell, praktisch anwendbar, allgemein bekannt, volkstümlich und humorig. Das Buch hat folgende individuelle Besonderheiten:

Erstens, um leicht zu verstehen, gibt es in diesem Buch viele Bilder. Denn bevor man das Schriftzeichen erfand, täuschten sich die Menschen mit Bildern aus. Wir können sagen, dass das Bild eine weltliche Sprache ist. Die Schwierigkeiten der Lerner berücksichtigend, die am Anfang die chinesischen Schriftzeichen lernen, ergänzen wir in den Texten und in den Übungen viele Bilder. Während die Lerner vor den übersäten, verschieden formierten und viereckigen Schriftzeichen Angst haben, können die geeigneten bildlichen Darstellungen den Lernern beim Verständnis der gelernten Bedeutungen der Wörter helfen. Beim Lernen dieses Buches können die lerner mehr Interessen haben.

Zweitens, die Funktionen und die Strukturen sind in den Situationen gesteckt. Auf der sprachlichen Grundstufe muss man nicht nur die sprachigen Materien sammeln, sondern auch das Fundament dazu legen, dass man später die Sprachkenntnisse systematisch lernt. Wenn man die Sprachkenntnis abstrakt lernt, langweilt man sich sehr. Während die Lerner eine neue Sprache lernen, wünschen sie oft, dass sie im alltäglichen Leben die gelernten Sprachkenntnisse benutzen können. Sie lernen zuerst einen Satz, möchten sie ihn dann im Leben sprechen. Deshalb genießen sie dann eine erfolgliche freude. In diesem Buch haben wir uns darum bemüht, die natürliche, allgemein verwendete Sprache auszuwählen.

Drittens, die grammatischen Punkte sind in den Texte harmonisch eingesetzt. Zu Beginn des chinesischlernens ist es nicht realistisch, systematisch die grammatischen Chinesischkenntnisse theorietisch zu lernen. In diesem Buch hat 129 erstklassige grammatische Punkte, die in »Grundriß der grammatischen Stufen « sind, enthalten. Der »Grundriß der grammatischen Stufen « wird von dem HSK Department des staatischen Sekretariats der Leitungsgruppe für Chinesisch als Fremdsprache Lehren verfasst. Sie werden aber nicht aus dem grammatischen Begriff, sondern mit betreffenden Übungen erklärt. Die Lerner lernen einen Satz, dann

begreifen sie einen grammatischen Punkt. Die Lerner können daher das Fundament für später legen.

Viertens, wir achten die Interesse der Sprache hoch. Man trachtete eins das sprachliche Lernen als langweilig: "Man muss unermüdlich große Anstrengungen machen". In der Tat ist es nicht unbedingt. Unser Leben ist voll von Lust. Die Umgangssprache in unserem Leben ist auch interessant und homorvoll. Warum nehmen wir diese lebendige Sprache nicht in unseren Text auf? Die ehemalige Verfasser fanden manchmal, das Lehrbuch für Grundstufe lebendig schwer zu verfassen. Aber wir haben das Buch auf diesem Gebiet nützlich probiert. Wir sind sicher, dass die Lerner lustig und frählich sind, während sie das Buch lernen. Sie werden mit Lächeln eine Sprache leicht begreifen.

Fünftens, das Buch kann umfangreich genutzt werden. Die Lerner können mit diesem Buch Schritt für Schritt Chinesisch hören, Chinesisch sprechen, Chinesisch lesen, und Chinesisch schreiben lernen. In diesem Buch gibt es nicht nur systematische Punkte, sondern auch lebhafte Alltagsdialoge. Es kann als Lehrbuch sowohl im chinesischen vielseitigen Unterricht als auch im chinesischen mündlichen Unterricht dienen. In der gleichen Zeit kann das Buch fürs Lernen in kurzer Zeit, für Fremdsprache und für Selbstlernen benutzt.

》Modernes Chinesisch《 hat zwei Bände, nämlich insgesammt fünfundfünfzig Lektionen. Alle Texte werden ins Deutsch übersetzt. Um Verwechselung zu vermeiden, wählen wir in den neuen Wörtern nur die Wortbedeutungen, die im Text bedeuten. Nach jedem Text wählen wir nur die Modelle für Übungen, die im Alltagsleben ständig benutzt werden, oder die beachtlichen grammatischen Kennzeichen haben. Die gelernten Sprache und Kenntnisse können durch verschiedenartige sprachliche Spiele und Übungen für Hören, Sprechen, Lesen und Schreiben gefestigt werden.

Es gibt in diesem Buch keinen speziellen Lehrgang für Kenntnisse der Aussprache. Aber alle Punkte der Aussprache sind systemetisch in die Übungen eingezogen. Die Lerner kännen sich Schritt für Schritt durch die übungen die wesentliche Punkte der chinesischen Aussprache zu eigen machen und sie anwenden.

Wir danken Frau Guo Li und Frau Shen Puna, die vom Verlag der Peking Universität sind, für ihre warme und herzliche Leitung während unseres Verfassens.

Die Autoren
Juni, 2002
Peking Universität

第一课 我的中国名字叫罗乔丹
Dì-yī kè　wǒ de zhōngguó míngzi jiào Luó Qiáodān

课文 Text

	Lǎoshī:	Nǐ jiào shénme míngzi?
老师：		你叫什么名字？
	Xuésheng yī:	Wǒ jiào Tiánzhōng Shùnzǐ.
学生一：		我叫田中顺子。
	Lǎoshī:	Duì xuésheng èr nǐ ne?
老师：		（对学生二）你呢？
	Xuésheng èr:	Wǒ de zhōngguó míngzi jiào
学生二：		我的中国名字叫
		Luó Qiáodān. Lǎoshī, nín guì xìng?
		罗乔丹。老师，您贵姓？
	Lǎoshī:	Wǒ xìng Jīn.
老师：		我姓金。
	Xuésheng sān:	Lǎoshī, wǒ yě xìng Jīn.
学生三：		老师，我也姓金。
	Lǎoshī:	Nà wǒmen wǔbǎi nián qián shì yì jiā.
老师：		那我们五百年前是一家。

Lektion 1　Mein chinesischer Name ist Luo Qiaodan.

Lehrer:　　　Wie heißt du?

Student 1:　Ich heiße Tanaka Junko.

Lehrer:　　　（zu Student 2）Und du?

Student 2:　Mein chinesischer Name ist Luo Qiaodan.　Wie lautet Ihr Familienname, Herr Lehrer?

Lehrer:　　　Mein Familienname ist Jin.

Student 3:　Mein Familienname ist auch Jin, Herr Lehrer.

Lehrer:　　　Wir gehörten also vor 500 Jahren ein und derselben Familie an.

生词 *Neue Vokabeln*

1.	我	wǒ	代 (Pron.)	ich; mir; mich
2.	的	de	助	Partikel
3.	中国	Zhōngguó	名 (N.)	China
4.	名字	míngzi	名 (N.)	Name *Familien- und Vorname*
5.	叫	jiào	动 (V.)	heißen
6.	老师	lǎoshī	名 (N.)	Lehrer(in)
7.	什么	shénme	代 (Pron.)	was
8.	学生	xuésheng	名 (N.)	Student(in)
9.	你	nǐ	代 (Pron.)	du; dir; dich
10.	呢	ne	助	Fragepartikel
11.	您	nín	代 (Pron.)	Sie; Ihnen (höfliche Anrede)
12.	姓	xìng	动 (V.)	Familienname ist...
13.	也	yě	副 (Adv.)	auch, ebenfalls
14.	我们	wǒmen	代 (Pron.)	wir; uns
15.	是	shì	动 (V.)	sein

句型 *Satzmodelle*

 1.1 我姓……。

Zhāng	Wáng	Bùshí	Luóxī
张	王	布什	罗西

Lǐ / Liú / Zhào / Sūn / Mǎ / Jiāng / Chén / Yáng
李 / 刘 / 赵 / 孙 / 马 / 江 / 陈 / 杨

Piáo / Cuī / Shānběn *Suzuki* / Língmù / Fútè / Ālǐ
朴 / 崔 / 山本 / 铃木 / 福特 / 阿里

 1.2 我叫……。

Wáng Lán
王 兰

Liú Lì
刘 丽

Zhāng Míng
张 明

Lǐ Xiǎolóng
李 小 龙

  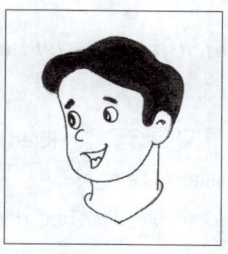 

Lín Yīláng
林 一郎

Cuī Chéngzhé
崔 成 哲

Mǎlì
玛丽

Ānnà
安娜

 1.3 我的中国名字叫……。

Mǎ Āndí
马 安迪

Fāng Mèngdān
方 梦丹

Lù Dàwèi
陆 大卫

Wǔ Sōng
伍 松

3

练习 Übungen

◆ 听读听写 Hören, nachsprechen und ein Diktat

◇ 1. 用慢速和中速跟读课文录音。(Hören Sie den Text und sprechen Sie nach, zuerst langsam, und dann in mittlerm Tempo!)
◇ 2. 听录音,写句子。(Hören Sie den Text und schreiben Sie auf, was Sie gehört haben!)

◆ 词汇语法 Vokabeln und Grammatik

◇ 填空:(Ergänzen Sie die Sätze!)
　1. 我(叫)田中顺子。
　2. 我(姓)金。
　3. 您(贵)姓?

◆ 活学活用 Lernen und Gebrauch

◇ 回答问题:(Beantworten Sie folgenden Fragen!)
　1. 您贵姓?
　2. 你叫什么名字?
　3. 我的中国名字叫马安迪,你呢?
　4. 你的老师姓什么?叫什么?

 Übersetzen

翻译下面的句子:(Übersetzen Sie die fclgenden Sätze ins Chinesische!)
1. Wie ist Ihr Familienname, Herr Lehrer?
2. Wir gehörten also vor 500 Jahren ein und derselben Familie an.

汉字书写 *Schreiben Sie auf Chinesisch*

| 师 | ⼁ | ⼃ | ⼴ | 尸 | 师 | 师 |

| 张 | ⼀ | ⼓ | 弓 | 引 | 引 | 张 | 张 |

| 贵 | ⼀ | ⼌ | ⼐ | 中 | 串 | 书 | 贵 | 贵 |

| 家 | 丶 | 丷 | 宀 | 宀 | 宁 | 宁 | 字 | 家 | 家 | 家 |

语音练习 *Aussprache*

◇ 读下面的句子，注意 b-p, d-t 的区别：(Lesen Sie die folgenden Sätze und achten Sie auf die Unterschiede zwischen b-p und d-t!)

　　Dùzi　bǎo le.
1. 肚子　饱 了。　(Der Magen ist voll.)

　　Tùzi　pǎo le.
2. 兔子　跑 了。　(Der Hase ist weggelaufen.)

第二课 他是半个美国人
Dì-èr kè　Tā shì bàn ge Měiguórén

课文 Text

Ānnà 安娜:	Nǐ shì nǎ guó rén? 你是哪国人?
Piáo Yīngyù 朴英玉:	Wǒ shì Hánguórén. 我是韩国人。 Wǒ de tóngwū shì Fǎguórén. 我的同屋是法国人。
Ānnà 安娜:	Wǒ shì Yīngguórén. Zhè wèi shì wǒ de nánpéngyou. 我是英国人。这位是我的男朋友。
Piáo Yīngyù 朴英玉:	Nǐ yě shì Yīngguórén ma? 你也是英国人吗?
Lù Dàwèi 陆大卫:	Wǒ bú shì Yīngguórén, wǒ shì Měiguórén. 我不是英国人,我是美国人。
Ānnà 安娜:	Tā shì bàn ge Měiguórén. 他是半个美国人。
Piáo Yīngyù 朴英玉:	Bàn ge Měiguórén? 半个美国人?
Ānnà 安娜:	Tā bàba shì Měiguórén, māma shì Rìběnrén. 他爸爸是美国人,妈妈是日本人。

Lektion 2   Er ist ein halber Amerikaner.

Anna:	Aus welchem Land kommst du?
Piao Yingyu:	Ich bin Koreaner. Mein Mitbewohner ist Franzose.
Anna:	Ich bin Engländerin. Das ist mein Freund.
Piao Yingyu:	Bist du auch Engländer?
Lu Dawei:	Ich bin kein Engländer. Ich bin Amerikaner.
Anna:	Er ist ein halber Amerikaner.

Piao Yingyu: Ein Halber Amerikaner?

Anna: Sein Vater ist Amerikaner, seine Mutter ist Japanerin.

生词 *Neue Vokabeln*

1.	他	tā	代 (Pron.)	er; ihm; ihn
2.	半	bàn	数 (Num.)	halb
3.	个	gè	量 (ZEW)	für Menschen und Gegenstände
4.	美国人	Měiguórén		Amerikaner (in)
5.	哪	nǎ	代 (Pron.)	welcher (-r, -s)
6.	韩国人	Hánguórén		Koreaner (in)
7.	同屋	tóngwū	名 (N.)	Mitbewohner, Zimmergenosse
8.	法国人	Fǎguórén		Franzose, Franzosin
9.	英国人	Yīngguórén		Engländer (in)
10.	这	zhè	代 (Pron.)	das
11.	位	wèi	量 (ZEW)	für Menschen (höfliche Form)
12.	男	nán	形 (Adj.)	Mann, Herr; männlich
13.	朋友	péngyou	名 (N.)	Freund (in)
14.	男朋友	nánpéngyou		Freund
15.	吗	ma	助	Fragepartikel für ja-nein Fragen
16.	不	bù	副 (Adv.)	nicht
17.	爸爸	bàba	名 (N.)	Vater, Papa
18.	妈妈	māma	名 (N.)	Mutter, Mama
19.	日本人	Rìběnrén		Japaner (in)

句型 *Satzmodelle*

 2.1 我是……。

| Xībānyárén | Àodàlìyàrén | Tàiguórén | Āijírén |
| 西班牙人 | 澳大利亚人 | 泰国人 | 埃及人 |

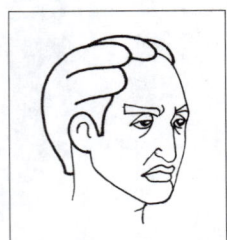   

Jiānádàrén / Xīnjiāpōrén / Déguórén / Xīnxīlánrén
加拿大人 / 新加坡人 / 德国人 / 新西兰人

 2.2 这位是……。

Ālǐ de nǚpéngyou   wǒmen de Hànyǔ lǎoshī
阿里 的 女朋友   我们 的 汉语 老师

wǒ de Zhōngguó tóngxué   Liú Lì de yéye   wǒ māma
我 的 中国 同学   刘丽 的 爷爷   我 妈妈

  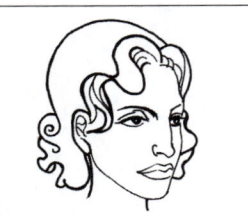

● 2.3 他也是……吗？

Yìdàlìrén	Yìndùrén	Bāxīrén	Éluósīrén
意大利人	印度人	巴西人	俄罗斯人

  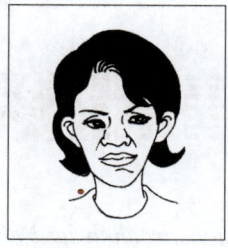 

○

Fēilǜbīnrén	Hélánrén	Āgēntíngrén	Yìndùníxīyàrén
菲律宾人 /	荷兰人 /	阿根廷人 /	印度尼西亚人

生词 Neue Vokabeln

1. 西班牙人	Xībānyárén		Spanier(in)
2. 澳大利亚人	Àodàlìyàrén		Australier(in)
3. 泰国人	Tàiguórén		Thai
4. 埃及人	Āijírén		Ägypter(in)
5. 加拿大人	Jiānádàrén		Kanadier(in)
6. 新加坡人	Xīnjiāpōrén		Singapurer(in)
7. 德国人	Déguórén		Deutsche(r)
8. 新西兰人	Xīnxīlánrén		Neuseeländer(in)
9. 女	nǚ	形 (Adj.)	Frau, Dame; weiblich, feminin
10. 同学	tóngxué	名 (N.)	Klassenkamerad(in), Mitschueler(in), Schulfreund(in), Kommilitone, Kommilitonin
11. 爷爷	yéye	名 (N.)	Großvater (väterlicherseits)
12. 意大利人	Yìdàlìrén		Italiener(in)
13. 印度人	Yìndùrén		Inder(in)
14. 巴西人	Bāxīrén		Brasilianer(in)
15. 俄罗斯人	Éluósīrén		Russe, Russin
16. 菲律宾人	Fēilǜbīnrén		Philippiner(in)

17. 荷兰人	Hélánrén	Niederländer(in)
18. 阿根廷人	Āgēntíngrén	Argentinier(in)
19. 印度尼西亚人	Yìndùníxīyàrén	Indonesier(in)

听读听写 *Hören, nachsprechen und ein Diktat*

◆ 1. 用慢速和中速跟读课文录音。(Hören Sie den Text und sprechen Sie nach, zuerst langsam, und dann in mittlerm Tempo!)

◆ 2. 听录音，写句子。(Hören Sie den Text und schreiben Sie auf, was Sie gehört haben!)

词汇语法 *Vokabeln und Grammatik*

◆ 用汉字写出下列国家的名字：(Schreiben Sie die Namen der folgenden Länder in chinesischen Schriftzeichen aus!)

Hánguó （　　） Fǎguó （　　） Yīngguó （　　）

Yìdàlì （　　） Rìběn （　　） Yìndù （　　）

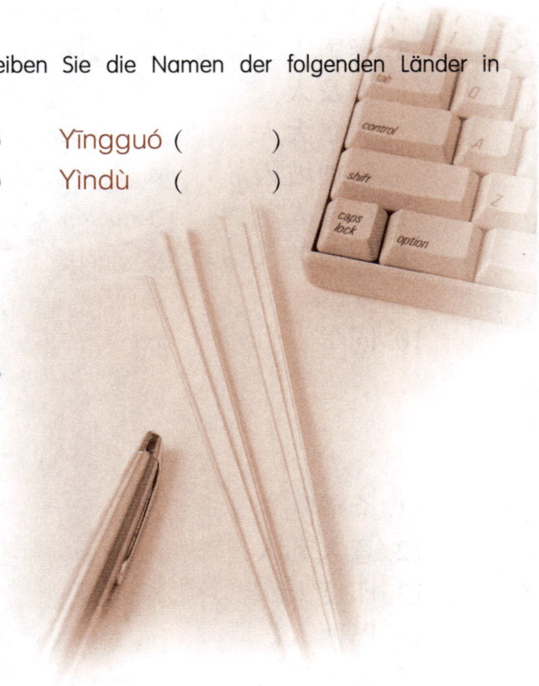

活学活用 *Lernen und Gebrauch*

◆ 回答问题：(Beantworten Sie folgenden Fragen!)

1. 你是哪国人？

2. 你的朋友是哪国人？

3. 什么是"半个美国人"？

翻译练习 Übersetzen

翻译下面的句子：(Übersetzen Sie die folgenden Sätze ins Chinesische!)

1. Mein Mitbewohner ist ein Amerikaner.
2. Das ist nicht mein Freund.
3. Er ist halbfranzose.

汉字书写 Schreiben Sie auf Chinesisch!

男	⼁	冂	冂	用	田	甲	男		

哪	⼁	口	口	叮	叼	叼	咧	哪	哪

是	⼁	口	口	日	旦	早	早	是	是

美	⼂	⼃	⼅	丷	䒑	兰	兰	美	美

语音练习 Aussprache

◇ 读下面的句子，注意 b-p 的区别：(Lesen Sie die folgenden Sätze und achten Sie auf die Unterschiede zwischen b-p!)

    Nǐ zhēn bàng!
1. 你 真 棒！ (Du bist wirklich großartig!)

    Nǐ zhēn pàng!
2. 你 真 胖！ (Du bist wirklich dick!)

第三课　我的雨伞哪儿去了？
Dì sān kè　Wǒ de yǔsǎn nǎr qù le?

课文 Text

服务员： 这是你的雨伞吗？
Fúwùyuán: Zhè shì nǐ de yǔsǎn ma?

方梦丹： 这不是我的雨伞。我的雨伞是黑(色)的。
Fāng Mèngdān: Zhè bú shì wǒ de yǔsǎn. Wǒ de yǔsǎn shì hēi(sè) de.

服务员： 那把黑色的是你的吗？
Fúwùyuán: Nà bǎ hēisè de shì nǐ de ma?

方梦丹： 也不是。
Fāng Mèngdān: Yě bú shì.

服务员： 对不起，这里只有一把黑色的雨伞。
Fúwùyuán: Duìbuqǐ, zhèlǐ zhǐ yǒu yì bǎ hēisè de yǔsǎn.

方梦丹： 奇怪，我的雨伞哪儿去了？
Fāng Mèngdān: Qíguài, wǒ de yǔsǎn nǎr qù le?

Lektion 3　Wo ist mein Regenschirm hingekommen?

Bedienung:　Ist das dein Regenschirm?

Fang Mengdan:　Das ist nicht mein Regenschirm. Mein Regenschirm ist schwarz.

Bedienung:　Ist der Schwarze dort deiner?

Fang Mengdan:　Nein, auch nicht.

Bedienung:　Tut mir leid, hier gibt es aber nur einen schwarzen Regenschirm.

Fang Mengdan:　Merkwürdig! Wo ist mein Regenschirm hingekommen?

生词 Neue Vokabeln

1.	雨伞	yǔsǎn	名 (N.)	Regenschirm
2.	哪儿	nǎr	代 (Pron.)	wo; wohin
3.	服务员	fúwùyuán	名 (N.)	Dienstpersonal

4. 黑	hēi	形 (Adj.)	schwarz
5. 色	sè	名 (N.)	Farbe
6. 把	bǎ	量 (ZEW)	Für Gegenstände mit Griff
7. 对不起	Duìbuqǐ		Entschuldigung, tut mir leid
8. 这里	zhèlǐ	代 (Pron.)	hier
9. 只	zhǐ	副 (Adv.)	nur
10. 有	yǒu	动 (V.)	Es gibt...; haben
11. 奇怪	qíguài	形 (Adj.)	merkwürdig, seltsam, komisch

句型 *Satzmodelle*

 3.1 这是你的……吗?

kèběn
课本

cídiǎn
词典

qiānbǐ
铅笔

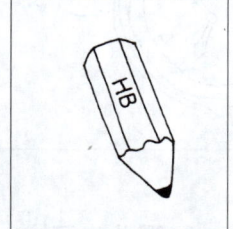

qiánbāo
钱包

yàoshi
钥匙

13

● **3.2 我的……是……(色)的。**

Wǒ de yuánzhūbǐ shì hóng(sè) de.
我 的 圆珠笔 是 红(色) 的。

Wǒ de qiúxié shì bái(sè) de.
我 的 球鞋 是 白(色) 的。

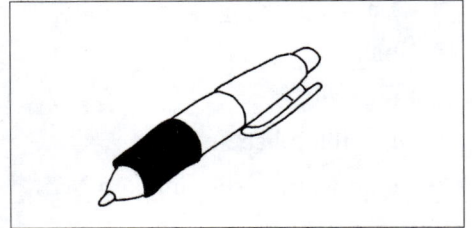

Wǒ de shǒubiǎo shì lán(sè) de.
我 的 手表 是 蓝(色) 的。

Wǒ de zìxíngchē shì lǜ(sè) de.
我 的 自行车 是 绿(色) 的。

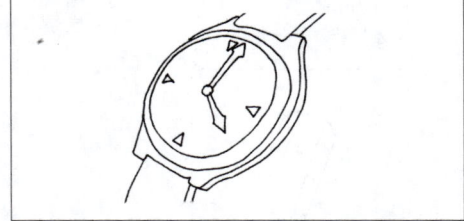

● **3.3 我的……哪儿去了?**

| shūbāo | màozi | xiàngpí | cídài |
| 书包 | 帽子 | 橡皮 | 磁带 |

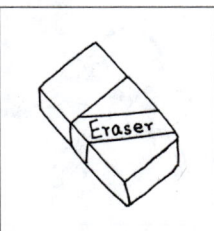
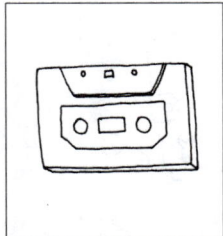

yàoshi   qiánbāo   zìxíngchē   shǒubiǎo
钥匙 / 钱包 / 自行车 / 手表

生词 *Neue Vokabeln*

1.	课本	kèběn	名 (N.)	Lehrbuch
2.	词典	cídiǎn	名 (N.)	Wörterbuch
3.	铅笔	qiānbǐ	名 (N.)	Bleistift
4.	钱包	qiánbāo	名 (N.)	Geldbeutel, Portemonnaie, Brieftasche
5.	钥匙	yàoshi	名 (N.)	Schlüssel
6.	圆珠笔	yuánzhūbǐ	名 (N.)	Kugelschreiber
7.	红	hóng	形 (Adj.)	rot
8.	球鞋	qiúxié	名 (N.)	Ballschuhe *(Sportschuhe)*
9.	白	bái	形 (Adj.)	weiß
10.	手表	shǒubiǎo	名 (N.)	Armbanduhr
11.	蓝	lán	形 (Adj.)	blau
12.	自行车	zìxíngchē	名 (N.)	Fahrrad
13.	绿	lǜ	形 (Adj.)	grün
14.	书包	shūbāo	名 (N.)	Schultasche
15.	帽子	màozi	名 (N.)	Hut
16.	橡皮	xiàngpí	名 (N.)	Radiergummi
17.	磁带	cídài	名 (N.)	Tonband

练习 Übungen

◆ 听读听写　*Hören, nachsprechen und ein Diktat*

◇ 1. 用慢速和中速跟读课文录音。(Hören Sie den Text und sprechen Sie nach, zuerst langsam, und dann in mittlerm Tempo!)

◇ 2. 听录音，写句子。(Hören Sie den Text und schreiben Sie auf, was Sie gehört haben!)

◆ 词汇语法　*Vokabeln und Grammatik*

◇ 看图写词：(Sehen Sie die Bilder an und schreiben Sie die Wörter aus!)

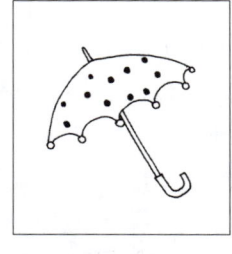 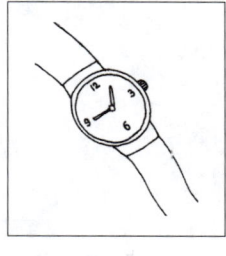  

(　　)　　(　　)　　(　　)　　(　　)

◆ 活学活用　*Lernen und Gebrauch*

◇ 1. 根据实际情况填空：(Füllen Sie die Lücken aus nach Ihren eigenen Umständen!)

(1) 我的雨伞是＿＿＿＿色的。

(2) 我的自行车是＿＿＿＿色的。

(3) 我的书包是＿＿＿＿色的。

(4) 我的鞋是＿＿＿＿色的。

◇ 2. 参照例句替换画线部分词语分组问答：(Spielen Sie in Gruppen die Dialoge nach dem Beispiel, indem Sie die unterstrichenen Wörter ersetzen!)

例句：A：这是你的<u>铅笔</u>吗？

B：(1) 是我的(铅笔)。

(2) 不是我的(铅笔)。

◆ 翻 译 练 习　*Übersetzen*

翻译下面的句子：(Übersetzen Sie die folgenden Sätze ins Chinesische!)

1. Das ist nicht mein Buch.
2. Tut mir leid, hier gibt es nur einen Chinesischlehrer.
3. Wie merkwürdig! Wo sind meine Schluessel hingekommen?

◆ 汉字书写　*Schreiben Sie auf Chinesisch*

务	ノ	夕	冬	冬	务
伞	ノ	人	个	伞	伞	伞
雨	一	厂	厂	币	雨	雨	雨
服	ノ	几	月	月	月	肌	服	服

◆ 语音练习　*Aussprache*

◇ 读下面的句子，注意 b–p 的区别：（Lesen Sie die folgenden Sätze und achten Sie auf die Unterschiede zwischen b–p!）

　　Tā bóbo lái le.
1. 他 伯伯 来 了。　（Sein Onkel ist gekommen.）

　　Tā pópo lái le.
2. 她 婆婆 来 了。　（Ihre Schwiegermutter ist gekommen.）

第四课 Dì-sì kè 你们喜欢吃冰激凌吗？ Nǐmen xǐhuan chī bīngjīlíng ma?

课文 Text

方梦丹：这是我的房间。房间的左边是桌子；桌子上面有一个电视机；右边是我的床；书架在床旁边；房间门口有一个冰箱，冰箱里有很多冰激凌。你们喜欢吃冰激凌吗？

Fāng Mèngdān: Zhè shì wǒ de fángjiān. Fángjiān de zuǒbian shì zhuōzi; zhuōzi shàngmian yǒu yí ge diànshì jī; yòubian shì wǒ de chuáng; shūjià zài chuáng pángbiān; fángjiān ménkǒu yǒu yí ge bīngxiāng, bīngxiāng li yǒu hěnduō bīngjīlíng. Nǐmen xǐhuan chī bīngjīlíng ma?

Lektion 4   Esst ihr gern Eiscreme?

Fang Mengdan: Das ist mein Zimmer. Im Zimmer bofindet sich links ein Tisch; auf dem Tisch gibt es einen Fernseher; rechts steht mein Bett; das Bücherregal ist neben dem Bett; neben der Tür steht ein Kühlschrank, im Kühlschrank gibt es viel Eiscreme. Esst ihr gern Eiscreme?

生词 Neue Vokabeln

1.	你们	nǐmen	代 (Pron.)	ihr; euch
2.	喜欢	xǐhuan	动 (V.)	(gern) mögen; gern haben; gern tun, essen, trinken etc
3.	吃	chī	动 (V.)	essen
4.	冰激凌	bīngjīlíng	名 (N.)	Eiscreme
5.	房间	fángjiān	名 (N.)	Zimmer
6.	左边	zuǒbian	名 (N.)	auf der linken Seite, links
7.	桌子	zhuōzi	名 (N.)	Tisch
8.	上面	shàngmian	名 (N.)	auf, über

9.	电视（机）	diànshì(jī)	名（N.）	Fernseher
10.	右边	yòubian	名（N.）	auf der rechten Seite, rechts
11.	床	chuáng	名（N.）	Bett
12.	书架	shūjià	名（N.）	Bücherregal
13.	在	zài	动（V.）	sich (irgendwo) befinden; auf, neben, unter etc (Dat) sein
14.	旁边	pángbiān	名（N.）	neben
15.	门口	ménkǒu	名（N.）	Eingang, an der Tür
16.	冰箱	bīngxiāng	名（N.）	Kühlschrank
17.	里	lǐ	名（N.）	in, innerhalb, innen
18.	很多	hěn duō		viel

句型 *Satzmodelle*

 4.1 房间的左边是……。

shāfā　　　　　　xǐyījī　　　　　　chájī　　　　　　yǐzi
沙发　　　　　　洗衣机　　　　　茶几　　　　　　椅子

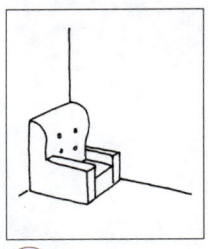   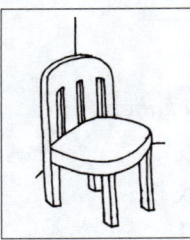

diànshì jī　　shūjià　　zhuōzi　　bīngxiāng
电视 机 / 书架 / 桌子 / 冰箱

 4.2 桌子上面有……。

yì pén huā　　yì zhī māo　　yí ge běnzi　　yì běn shū
一盆花　　　一只猫　　　一个本子　　　一本书

● **4.3 书架在……。**

chájī　zuǒbian
茶几　左边

xǐyījī　yòubian
洗衣机　右边

shāfā　pángbian
沙发　旁边

guìzi　qiánbian
柜子　前边

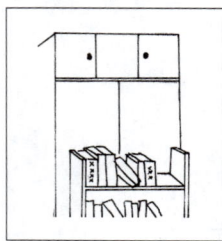

diànshìjī　hòubian
电视机　后边

生词 *Neue Vokabeln*

1.	沙发	shāfā	名 (N.)	Sofa, Couch
2.	洗衣机	xǐyījī	名 (N.)	Waschmaschine
3.	茶几	chájī	名 (N.)	Teetischchen, Couchtisch
4.	椅子	yǐzi	名 (N.)	Stuhl, Sessel
5.	盆	pén	量 (ZEW)	für (Blumen) Topf
6.	花	huā	名 (N.)	Blume, Blüte
7.	只	zhī	量 (ZEW)	für manche Tiere und Insekten
8.	猫	māo	名 (N.)	Katze, Kater
9.	本子	běnzi	名 (N.)	Heft
10.	本	běn	量 (ZEW)	für Bände, z.B. Bücher, Zeitschriften, Fotoalben
11.	书	shū	名 (N.)	Buch
12.	柜子	guìzi	名 (N.)	Schrank

| 13. 前边 | qiánbian | 名 (N.) | vorn, vor |
| 14. 后边 | hòubian | 名 (N.) | hinten, hinter |

练 习　Übungen

◆ **听读听写**　Hören, nachsprechen und ein Diktat

◇ 1. 用慢速和中速跟读课文录音。(Hören Sie den Text und sprechen Sie nach, zuerst langsam, und dann in mittlerm Tempo！)

◇ 2. 听录音，写句子。(Hören Sie den Text und schreiben Sie auf, was Sie gehört haben！)

◆ **词汇语法**　Vokabeln und Grammatik

◇ 用"是 / 在 / 有"选择填空：(Füllen Sie die Lücken aus mit „是", „在" oder „有"！)
这＿＿＿我的房间。我的床＿＿＿房间的左边；桌子＿＿＿房间的右边。桌子上面＿＿＿一盆花。我的冰箱＿＿＿桌子旁边，冰箱里＿＿＿很多冰激凌。

◆ **活学活用**　Lernen und Gebrauch

◇ 边画图边介绍你现在的房间：(Zeichnen Sie ein Bild von Ihrem Zimmer und stellen Sie dann es vor！)

◆ **课堂游戏**　ein Spiel

西蒙的命令（Simon sagt）

一个学生发出命令(学生名字+动词+介词+方位词)，被叫到名字的学生按命令去做，如：安娜站在椅子上。然后安娜接着发出命令，依次类推。老师可事先介绍几个动词如：坐，站，躺等。

Ein Student gibt eine Anweisung (Name+V.+Prep.+Ort), der genannte Student muß die Anweisung ausführen, z. B. lautet die Anweisung „Anna steht auf dem Stuhl". Also Anna soll sich auf den Stuhl stellen. Darauf gibt Auna eine Anweisung, und geht es weiter. Der Lehrer könnte anfangs einige Verben empfehlen, z. B. sitzen, stehen, liegen, usw.

翻译练习 *Übersetzen*

翻译下面的句子：(Übersetzen Sie die folgenden Sätze ins Chinesische!)

1. Das Bett ist auf der linken Seite des Zimmers.
2. Es gibt ein Bücherregal am Eingang.
3. Es gibt viel Eiscreme im Kühlschrank.

汉字书写 *Schreiben Sie auf Chinesisch*

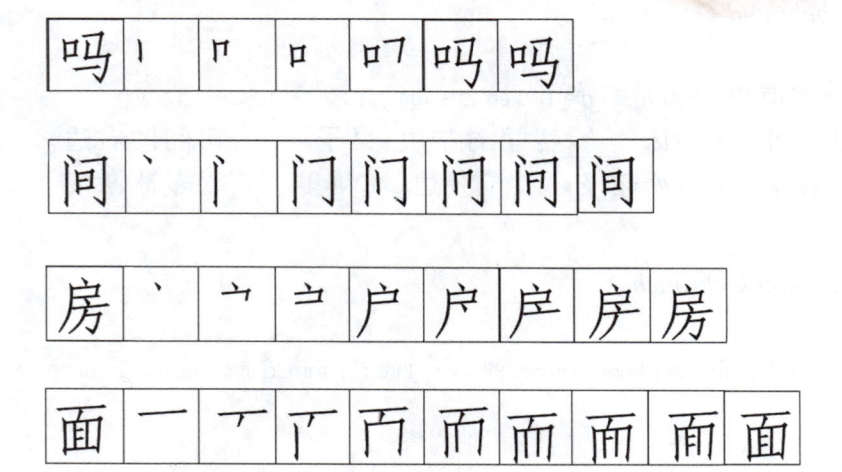

吗	丨	冂	口	叮	吗	吗
间	丶	丨	冂	门	问	问	间
房	丶	亠	冖	户	户	户	庐	房
面	一	丆	厂	丙	而	而	面	面

语音练习 *Aussprache*

◇ 读下面的句子，注意 d–t 的区别： (Lesen Sie die folgenden Sätze und achten Sie auf die Unterschiede zwischen d–t)

  Duō yí jiàn yīfu.
1. 多 一 件 衣服。 (ein Kleidungsstück mehr.)

  Tuō yí jiàn yīfu.
2. 脱 一 件 衣服。 (ein Kleidungsstück ausziehen.)

第五课 应该当你的姐姐
Dì-wǔ kè Yīnggāi dāng nǐ de jiějie

课文 Text

Piáo Yīngyù: Nǐ yǒu xiōngdì jiěmèi ma?
朴英玉：你有兄弟姐妹吗？

Lù Dàwèi: Wǒ yǒu liǎng ge gēge, yí ge dìdi.
陆大卫：我有两个哥哥，一个弟弟。

Nǐ ne?
你呢？

Piáo Yīngyù: Wǒ méiyǒu xiōngdì jiěmèi. Wǒ shì dúshēngnǚ.
朴英玉：我没有兄弟姐妹。我是独生女。

Lù Dàwèi: Nà nǐ dāng wǒ de mèimei ba. Wǒ méiyǒu mèimei.
陆大卫：那你当我的妹妹吧。我没有妹妹。

Piáo Yīngyù: Nǐ jīn nián duō dà?
朴英玉：你今年多大？

Lù Dàwèi: Shíjiǔ suì.
陆大卫：十九岁。

Piáo Yīngyù: Wǒ èrshí suì, yīnggāi dāng nǐ de jiějiě.
朴英玉：我二十岁，应该当你的姐姐。

Lektion 5   Ich soll deine ältere Schwester sein.

Piao Yingyu: Hast du Geschwister?
Lu Dawei: Ich habe zwei ältere Brüder, und einen jüngeren Bruder. Und du?
Piao Yingyu: Ich habe keine Geschwister. Ich bin ein Einzelkind (Mädchen).
Lu Dawei: Na, dann sei meine jüngere Schwester.   Ich habe keine jüngere Schwester.
Piao Yingyu: Wie alt bist du dieses Jahr?
Lu Dawei: 19 Jahre alt.
Piao Yingyu: Ich bin 20, ich sollte deine ältere Schwester sein.

生词 *Neue Vokabeln*

1.	应该	yīnggāi	助动 (Hilfsv.)	sollen
2.	当	dāng	动 (V.)	sein
3.	姐姐	jiějie	名 (N.)	ältere Schwester
4.	兄弟	xiōngdì	名 (N.)	Brüder
5.	姐妹	jiěmèi	名 (N.)	Schwestern
6.	两	liǎng	数 (Num.)	zwei (vor ZEW)
7.	哥哥	gēge	名 (N.)	älterer Bruder
8.	弟弟	dìdi	名 (N.)	jüngerer Bruder
9.	没有	méiyǒu	动、副 (V./Adv.)	nicht haben
10.	独生女	dúshēngnǚ		Einzelkind (Mädchen)
11.	妹妹	mèimei	名 (N.)	jüngere Schwester
12.	今年	jīnnián	名 (N.)	dieses Jahr
13.	多大	duō dà		wie alt
14.	岁	suì	量 (ZEW)	für Alter, ... Jahre alt

句型 *Satzmodelle*

 5.1 你有……吗？

gēge	jiějie	dìdi	mèimei
哥哥	姐姐	弟弟	妹妹

5.2 我有两个……。

bóbo
伯伯

shūshu
叔叔 ✓

gūgu
姑姑

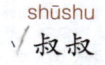

jiùjiu
舅舅

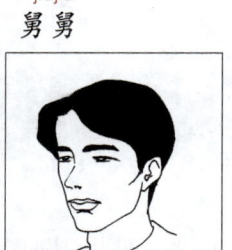

yí
姨

5.3 我……岁。

shíbā
十八

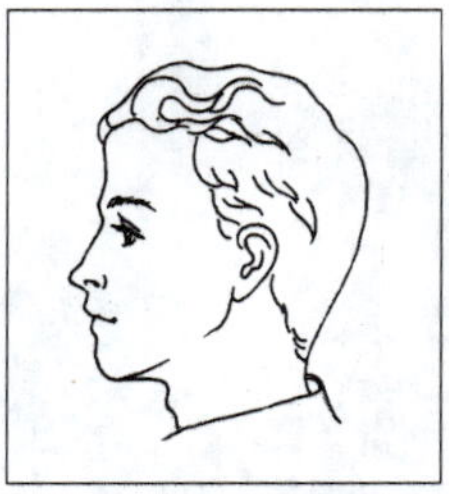

yìbǎi líng yī
一百零一

sìshí
四十

bāshísān
八十三

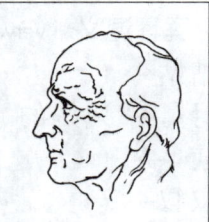

yī	èr	sān	sì	wǔ	liù	qī	bā	jiǔ	shí
一	二	三	四	五	六	七	八	九	十
1	2	3	4	5	6	7	8	9	10

shíyī	shí'èr	èrshí	sānshí	yìbǎi	yìqiān	yíwàn	yíwàn èrqiān sānbǎi sìshíwǔ
十一	十二	二十	三十	一百	一千	一万	一万二千三百四十五
11	12	20	30	100	1000	10000	12345

生词 Neue Vokabeln

1. 伯伯	bóbo	名（N.）	Onkel（Vaters älterer Bruder）
2. 叔叔	shūshu	名（N.）	Onkel（Vaters jüngerer Bruder）
3. 姑姑	gūgu	名（N.）	Tante（Vaters Schwester）
4. 舅舅	jiùjiu	名（N.）	Onkel（Mutters Bruder）
5. 姨	yí	名（N.）	Tante（Mutters Schwester）
6. 零	líng	数（Num.）	Null

练习 Übungen

听读听写 Hören, nachsprechen und ein Diktat

◇ 1. 用慢速和中速跟读课文录音。（Hören Sie den Text und sprechen Sie nach, zuerst langsam, und dann in mittlerm Tempo!）

◇ 2. 听录音，写句子。（Hören Sie den Text und schreiben Sie auf, was Sie gehört haben!）

词汇语法 Vokabeln und Grammatik

◇ 填空解释词义：（Vervollständigen Sie die Definition!）

1. 姑姑—（　　　）的姐姐或妹妹。
2. 舅舅—妈妈的（　　　）。
3. 姨—（　　　）。
4. 叔叔—（　　　）。
5. 伯伯—（　　　）。

活学活用 Lernen und Gebrauch

◇ 回答问题：（Beantworten Sie folgenden Fragen!）

1. 你有兄弟姐妹吗？
2. 你是独生子（女）吗？

3. 你爸爸、妈妈有兄弟姐妹吗？
4. 你弟弟（哥哥、姐姐、妹妹）多大？

翻 译 练 习 *Übersetzen*

翻译下面的句子：(Übersetzen Sie die folgenden Sätze ins Chinesische!)

1. Ich habe zwei ältere Schwestern und einen jüngeren Bruder.
2. Ich bin Einzelkind（Junge）.
3. Ich soll dein älterer Bruder sein.

汉字书写 *Schreiben Sie auf Chinesisch*

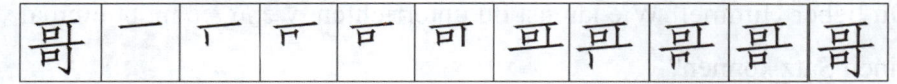

| 两 | 一 | 丆 | 万 | 丙 | 丙 | 两 | 两 |

| 弟 | 丶 | 丷 | 䒑 | 肖 | 弟 | 弟 |

| 该 | 丶 | 讠 | 讠 | 讠 | 访 | 访 | 该 |

| 哥 | 一 | 丆 | 一 | 可 | 可 | 哥 | 哥 | 哥 | 哥 |

语音练习 *Aussprache*

◇ 读下面的绕口令：(Lesen Sie den Zungenbrecher!)

Sì shì sì, shí shì shí, shísì shì shísì, sìshí shì sìshí.

四是四，十是十，十四是十四，四十是四十。

第六课 那你怎么教？
Dì liù kè　Nà nǐ zěnme jiāo?

课文 Text

金妻：你的班有多少学生？
Jīn qī: Nǐ de bān yǒu duōshao xuésheng?

金老师：一共二十五人。
Jīn lǎoshī: Yígòng èrshíwǔ rén.

金妻：真够多的。他们的汉语怎么样？
Jīn qī: Zhēn gòu duō de. Tāmen de Hànyǔ zěnmeyàng?

金老师：都是零起点的，有的会说几句，有的一句也不会说。
Jīn lǎoshī: Dōu shì língqǐdiǎn de, yǒude huì shuō jǐ jù, yǒude yí jù yě bú huì shuō.

金妻：天哪！一句也不会？那你怎么教？
Jīn qī: Tiān na! Yí jù yě bú huì? Nà nǐ zěnme jiāo?

Lektion 6　Wie kannst du unterrichten?

Jin's Frau: Wie viele Studenten gibt es in deiner Klasse?

Lehrer Jin: Insgesamt 25.

Jin's Frau: So viele! Wie ist ihr Chinesisch?

Lehrer Jin: Sie sind alle Anfänger. Manche können ein paar Sätze sprechen, manche können gar keinen Satz sprechen.

Jin's Frau: Du lieber Himmel! Wie kannst du unterrichten, wenn sie nicht einmal einen Satz können?

生词 Neue Vokabeln

1.	怎么	zěnme	代 (Pron.)	wie
2.	教	jiāo	动 (V.)	lehren, unterrichten, beibringen
3.	妻	qī	名 (N.)	Ehefrau
4.	班	bān	名 (N.)	Klasse
5.	多少	duōshao	代 (Pron.)	Wie viel

6. 一共	yígòng	副（Adv.）	insgesamt, zusammen
7. 人	rén	名（N.）	Mensch, Person
8. 真	zhēn	副（Adv.）	wirklich
9. 够……的	gòu……de		wirklich, ziemlich
10. 多	duō	形（Adj.）	viel
11. 汉语	Hànyǔ	名（N.）	Chinesisch
12. 怎么样	zěnmeyàng		wie
13. 都	dōu	副（Adv.）	alle
14. 零起点	língqǐdiǎn		ohne Vorkenntnisse
15. 有的	yǒude	代（Pron.）	manch, etliche
16. 会	huì	动（V.）	können
17. 说	shuō	动（V.）	sprechen
18. 几	jǐ	代（Pron.）	ein paar, einige
19. 句	jù	量（ZEW）	für Sätze

句型 Satzmodelle

● 6.1 有多少……？

jiàoshī
教师

zhíyuán
职员

gōngrén
工人

jǐngchá
警察

6.2 一共……

wǔ míng xuésheng	liù zhāng zhuōzi	sān liàng zìxíngchē	shíyī zhī yuánzhūbǐ
五名 学生	六张 桌子	三辆 自行车	十一支 圆珠笔

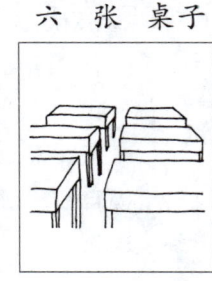

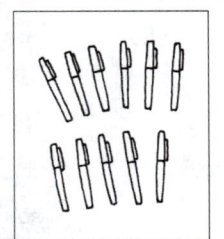

6.3 真够……的

rè	lèi	máng	zhòng
热	累	忙	重

6.4 有的……，有的……

Yǒude shì xuésheng, yǒude shì gōngrén.
有的是学生，有的是工人。

Yǒude huì shuō Yīngyǔ, yǒude huì shuō Rìyǔ.
有的会说英语，有的会说日语。

Yǒude chī jiǎozi, yǒude chī miàntiáo.
有的 吃 饺子，有的 吃 面条。

Yǒude qù shāngdiàn, yǒude qù gōngyuán.
有的 去 商店，有的 去 公园。

生词 *Neue Vokabeln*

1.	教师	jiàoshī	名（N.）	Lehrer(in)
2.	职工	zhígōng	名（N.）	Angestellte, Belegschaft, Personal
3.	工人	gōngrén	名（N.）	Arbeiter(in)
4.	警察	jǐngchá	名（N.）	Polizist(in)
5.	名	míng	量（ZEW）	für Personen
6.	张	zhāng	量（ZEW）	Blatt, Bogen; für flache Gegenstände oder Gegenstände mit einer flachen Oberfläche
7.	辆	liàng	量（ZEW）	für Fahrzeuge auf dem Landweg
8.	支	zhī	量（ZEW）	für kleine stabförmige Gegenstände
9.	热	rè	形（Adj.）	heiß, warm
10.	累	lèi	形（Adj.）	müde
11.	忙	máng	形（Adj.）	beschäftigt sein, viel zu tun haben
12.	重	zhòng	形（Adj.）	schwer
13.	英语	Yīngyǔ	名（N.）	Englisch
14.	日语	Rìyǔ	名（N.）	Japanisch
15.	饺子	jiǎozi	名（N.）	Jiaozi, gefüllte Nudeltäschchen
16.	面条	miàntiáo	名（N.）	Nudeln
17.	去	qù	动（V.）	hingehen
18.	商店	shāngdiàn	名（N.）	Laden, Geschäft
19.	公园	gōngyuán	名（N.）	Park

练习 Übungen

听读听写 Hören, nachsprechen und ein Diktat

◇ 1. 用慢速和中速跟读课文录音。(Hören Sie den Text und sprechen Sie nach, zuerst langsam, und dann in mittlerm Tempo！)
◇ 2. 听录音，写句子。(Hören Sie den Text und schreiben Sie auf, was Sie gehört haben！)

词汇语法 Vokabeln und Grammatik

◇ 填上量词：(Füllen Sie die Lücken aus mit Zählwörtern！)

一（　）雨伞　　一（　）猫　　一（　）铅笔
一（　）桌子　　一（　）书　　一（　）自行车

活学活用 Lernen und Gebrauch

◇ 填空并朗读下面的短文：(Füllen Sie die Leerstellen aus und Lesen Sie dann den kleinen Text！)

我们班有_____名学生，有的同学是_____人，有的同学是_____人，我们_____是零起点的学生，有的会说_____汉语，有的_____也不会说。

翻译练习 Übersetzen

翻译下面的句子：(Übersetzen Sie die folgenden Sätze ins Chinesische！)

1. Wie viele Personen gibt es in deiner Familie?
2. Hat keiner von Ihnen jegliche Vorkenntnisse?
3. Es gibt 20 Studenten in meiner Klasse, manche sind aus Korea, manche sind aus Japan.

汉字书写　*Schreiben Sie auf Chinesisch*

| 园 | 一 | 冂 | 冂 | 冃 | 帍 | 园 | 园 |

| 妻 | 一 | 三 | 𦉪 | 圭 | 丰 | 妻 | 妻 | 妻 |

| 怎 | 丿 | 𠂇 | 乍 | 乍 | 乍 | 怎 | 怎 | 怎 |

| 真 | 一 | 十 | 广 | 疒 | 亩 | 盲 | 盲 | 直 | 真 | 真 |

语音练习　*Aussprache*

◇ 读下面的句子，注意 g-k 的区别：(Lesen Sie die folgenden Sätze und achten Sie auf die Unterschiede zwischen g-k!)

  Zhè ge gōngzuò nǐ xiǎng gàn ma?
1. 这 个 工 作 你 想 干 吗？　(Möchtest du diese Arbeit machen?)

  Zhè ge diànyǐng nǐ xiǎng kàn ma?
2. 这 个 电 影 你 想 看 吗？　(Möchtest du diesen Film sehen?)

Dì qī kè　　Zhèr shì Rìběn cānguǎnr
第七课　这儿是日本餐馆儿

课文 Text

Mǎlì: Qǐng wèn, zhèr yǒu jiǎozi ma?
玛丽：请问，这儿有饺子吗？

Fúwùyuán: Méiyǒu.
服务员：没有。

Mǎlì: Yǒu méiyǒu bāozi?
玛丽：有没有包子？

Fúwùyuán: Méiyǒu.
服务员：没有。

Mǎlì: Yǒu húntun méiyǒu?
玛丽：有馄饨没有？

Fúwùyuán: Yě méiyǒu.
服务员：也没有。

Mǎlì: Zěnme dōu méiyǒu?
玛丽：怎么都没有？

Fúwùyuán: Hěn bàoqiàn, xiǎojie, zhèr shì
服务员：很抱歉，小姐，这儿是
Rìběn cānguǎnr.
日本餐馆儿。

Lektion 7　Dies hier ist ein japanisches Restaurant.

Mali: Entschuldigung, gibt es hier Jiaozi?
Kellnerin: Nein.
Mali: Haben Sie Baozi?
Kellnerin: Nein.
Mali: Haben Sie Wonton?
Kellnerin: Auch nicht.
Mali: Wieso haben Sie nichts von alledem davon?
Kellnerin: Es tut mir sehr leid, Fräulein, das ist ein japanisches Restaurant.

生词 *Neue Vokabeln*

1.	这儿	zhèr	代 (Pron.)	hier
2.	日本	Rìběn	名 (N.)	Japan
3.	餐馆儿	cānguǎnr	名 (N.)	Restaurant, Lokal
4.	请问	qǐng wèn		Entschuldigung; darf ich Sie etwas fragen
5.	包子	bāozi	名 (N.)	Baozi, gefülltes Dampfbrot
6.	馄饨	húntun	名 (N.)	Wonton, klare Suppe mit Fleischtaschen
7.	小姐	xiǎojie	名 (N.)	Fräulein
8.	很	hěn	副 (Adv.)	sehr
9.	抱歉	bàoqiàn	形 (Adj.)	Entschuldigung, es tut mir leid; leider

句型 *Satzmodelle*

● **7.1** 这儿有……吗？

mǐfàn
米饭

mántou
馒头

chǎofàn
炒饭

shāomài
烧卖

miàntiáo　　bīngjīlíng　　yǔsǎn　　yóupiào
面条　/　冰激凌　/　雨伞　/　邮票

● **7.2** 有没有……？

Yīng-Hàn Cídiǎn
《英汉词典》

Hànyǔ kèběn
汉语课本

diànhuàkǎ
电话卡

Fùshì jiāojuǎn
富士胶卷

35

7.3 有……没有？

Běijīng Wǎnbào
《北京 晚报》

Rénmín Rìbào
《人民 日报》

Zúqiú Bào
《足球 报》

Guǎngbō Diànshì Bào
《广播 电视 报》

7.4 这儿是……餐馆。

Yìndù
印度

Hánguó
韩国

Fǎguó
法国

Yìdàlì
意大利

生词 Neue Vokabeln

1.	米饭	mǐfàn	名(N.)	(gedämpfter oder gekochter, essfertiger) Reis
2.	馒头	mántou	名(N.)	Dampfbrot
3.	炒饭	chǎofàn	名(N.)	gebratener Reis
4.	烧卖	shāomài	名(N.)	(mit Klebreis, Fleisch) gefüllte Dampfteigtaschen
5.	英汉词典	Yīng-Hàn Cídiǎn		Englisch-Chinesisches Wörterbuch
6.	电话卡	diànhuàkǎ		Telefonkarte
7.	富士胶卷	Fùshì jiāojuǎn		Fuji Film
8.	北京晚报	Běijīng Wǎnbào		Beijing Abendblatt
9.	人民日报	Rénmín Rìbào		Volkszeitung

10. 足球报	Zúqiú Bào	Fußballzeitung
11. 广播电视报	Guǎngbō Diànshì Bào	Rundfunk-und Fernsehzeitschrift
12. 印度	Yìndù	Indien
13. 韩国	Hánguó	Korea
14. 法国	Fǎguó	Frankreich
15. 意大利	Yìdàlì	Italien

练习 Übungen

听读听写 *Hören, nachsprechen und ein Diktat*

◇ 1. 用慢速和中速跟读课文录音。(Hören Sie den Text und sprechen Sie nach, zuerst langsam, und dann in mittlerm Tempo!)

◇ 2. 听录音，写句子。(Hören Sie den Text und schreiben Sie auf, was Sie gehört haben!)

词汇语法 *Vokabeln und Grammatik*

◇ 选择填空：(Was essen Sie gerne? Was essen Sie nicht gerne?!)
我喜欢吃_____，不喜欢吃_____。
(1) 饺子　　(2) 馄饨　　(3) 包子　　(4) 冰激凌
(5) 炒饭　　(6) 烧卖　　(7) 面条　　(8) 馒头

活学活用 *Lernen und Gebrauch*

◇ 回答问题：(Beantworten Sie folgenden Fragen!)
1. 你喜欢去意大利(日本、印度、韩国、法国)餐馆吗？
2. 你喜欢的意大利(日本、印度、韩国、法国、中国)餐馆在哪儿？
3. 问问你的同学喜欢吃什么。

翻译练习 *Übersetzen*

翻译下面的句子：(Übersetzen Sie die folgenden Sätze ins Chinesische!)

1. Entschuldigung, haben Sie gebratenen Reis und Dampfbrot?
2. Wieso haben Sie nichts von alledem?
3. Es tut mir sehr leid, Fräulein. Das ist ein italienisches Restaurant.

汉字书写 *Schreiben Sie auf Chinesisch*

| 北 |丨 | 丨 | 十 | 丬 | 北 | | | | |

| 包 | ノ | 勹 | 勹 | 匀 | 包 | | | | |

| 姐 | く | 夕 | 女 | 刘 | 如 | 妡 | 姐 | 姐 | |

| 起 | 一 | 十 | 土 | 丰 | 丰 | 走 | 走 | 起 | 起 | 起 |

语音练习 *Aussprache*

◇ 读下面的句子，注意 j–q 的区别：(Lesen Sie die folgenden Sätze und achten Sie auf die Unterschiede zwischen j–q!)

Wǒ mǎi jīqì, bù mǎi qīqì.
我买机器，不买漆器。 (Ich kaufe Maschinen, nicht Lackwaren.)

第八课 啊？在我家？
Dì-bā kè Á? Zài wǒ jiā?

课文 Text

张明 (Zhāng Míng):　小妹妹，你姐姐在家吗？
Xiǎo mèimei, nǐ jiějie zài jiā ma?

圆圆 (Yuányuan):　你是谁？
Nǐ shì shéi?

张明 (Zhāng Míng):　我是你姐姐的同学。
Wǒ shì nǐ jiějie de tóngxué.

圆圆 (Yuányuan):　她不在家。
Tā bú zài jiā.

张明 (Zhāng Míng):　她现在在哪儿？
Tā xiànzài zài nǎr?

圆圆 (Yuányuan):　好像在同学家。
Hǎoxiàng zài tóngxué jiā.

张明 (Zhāng Míng):　你知道她在哪个同学家吗？
Nǐ zhīdào tā zài nǎ ge tóngxué jiā ma?

圆圆 (Yuányuan):　姓张……，哦，叫张明。
Xìng Zhāng......, ò, jiào Zhāng Míng.

张明 (Zhāng Míng):　啊？在我家？
Á? Zài wǒ jiā?

Lektion 8   Was? Bei mir zu Hause?

Zhang Ming:　Kleine Schwester, ist deine ältere Schwester zu Hause?

Yuanyuan:　Wer bist du?

Zhang Ming:　Ich bin ein Schulfreund der älteren Schwester.

Yuanyuan:　Sie ist nicht zu Hause.

Zhang Ming:　Wo ist sie denn?

Yuanyuan:　Ich denke, sie ist bei ihrem Klassenkameraden zu Hause.

Zhang Ming:　Weißt du bei wem sie ist?

Yuanyuan:　Zhang..., oh, sein Name ist Zhang Ming.

Zhang Ming:　Was? Bei mir zu Hause?

生词 *Neue Vokabeln*

1.	啊	á	叹 (Int.)	was?
2.	家	jiā	名 (N.)	Haus, Wohnung, Zuhause
3.	小	xiǎo	形 (Adj.)	klein, jung
4.	谁	shéi	代 (Pron.)	wer, wem, wen
5.	她	tā	代 (Pron.)	sie, ihr
6.	现在	xiànzài	名 (N.)	jetzt, zur Zeit, nun
7.	好像	hǎoxiàng	副 (Adv.)	es scheint
8.	知道	zhīdào	动 (V.)	wissen
9.	哪个	nǎge	代 (Pron.)	welche (-r, -s)
10.	哦	ò	叹 (Int.)	oh

句型 *Satzmodelle*

8.1 ……在家吗？

nǐ àiren
你 爱人

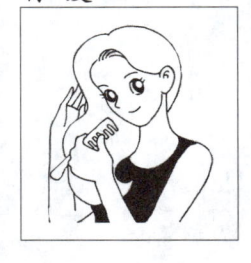

Liú lǎoshī
刘 老师

Zhāng jīnglǐ
张 经理

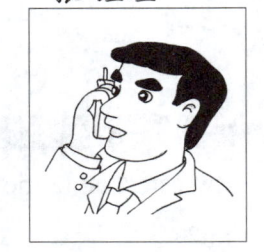

Lǐ xiānsheng
李 先生

8.2 ……不在家

wǒ yéye
我 爷爷

wǒ nǎinai
我 奶奶

wǒ érzi
我 儿子

wǒ nǚ'ér
我 女儿

40

8.3 你知道……吗?

zhè wèi fūren shì shéi	tā huà de shì shénme	zhǔrèn zài nǎr	máobǐ zěnme yòng
这位夫人是谁	他画的是什么	主任在哪儿	毛笔怎么用

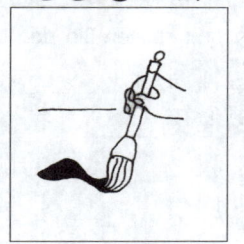

生词 *Neue Vokabeln*

1.	爱人	àiren	名 (N.)	Ehemann, Ehefrau
2.	经理	jīnglǐ	名 (N.)	Manager(in), Geschäftsführer(in)
3.	先生	xiānsheng	名 (N.)	Herr
4.	奶奶	nǎinai	名 (N.)	Großmutter (väterlicherseits)
5.	儿子	érzi	名 (N.)	Sohn
6.	女儿	nǚ'ér	名 (N.)	Tochter
7.	夫人	fūren	名 (N.)	(Anrede) Frau; Dame; Gattin, (Frau) Gemahlin
8.	画	huà	动 (V.)	malen, zeichnen
9.	主任	zhǔrèn	名 (N.)	Direktor(in)
10.	毛笔	máobǐ	名 (N.)	(Schreib)Pinsel
11.	用	yòng	动 (V.)	benutzen, gebrauchen

练习 Übungen

听读听写 *Hören, nachsprechen und ein Diktat*

◇ 1. 用慢速和中速跟读课文录音。(Hören Sie den Text und sprechen Sie nach, zuerst langsam, und dann in mittlerm Tempo!)

◇ 2. 听录音,写句子。(Hören Sie den Text und schreiben Sie auf, was Sie gehört haben!)

词汇语法 *Vokabeln und Grammatik*

◇ **给下面的对话填上适当的动词并分组朗读：**（Ergänzen Sie die Sätze mit passenden Verben und spielen Sie den Dialog dann in Gruppen!）

A：你哥哥_____家吗？
B：他不_____家。请问，你_____谁？
A：我_____他的朋友。
B：您贵_____？
A：我_____张。我_____张明。

活学活用 *Lernen und Gebrauch*

◇ **分组表演课文：**（Machen Sie anhand des Textes ein Rollenspiel in Gruppen!）

课堂游戏 *ein Spiel*

家庭树（Familienbaum）

一个学生在黑板上画一棵家庭树，按长幼顺序写上名字和男女，确定"我"的位置，然后问同学问题，如：某某是我的什么人？我的姑姑是谁？

Machen Sie ein Fragespiel im Kurs, indem ein Student (in) seinen/ihren Familienbaum auf der Tafel zeichnet, Namen und Geschlecht der Familienmitglieder angibt, und seine/ihre eigene Position ebenfalls auf den Baum aufzeichnet. Er/Sie stellt dann Fragen, wie „Wer ist derjenige (Name)?" oder „Wer ist meine Tante?"

翻译练习 *Übersetzen*

翻译下面的句子：（Übersetzen Sie die folgenden Sätze ins Chinesische!）

1. Wo ist nun mein Mitbewohner?
2. Er ist wahrscheinlich bei seinem Schulfreund zu Hause.
3. Sie hat drei Freunde. Weißt du, bei wem sie zu Hause ist?

汉字书写 Schreiben Sie auf Chinesisch

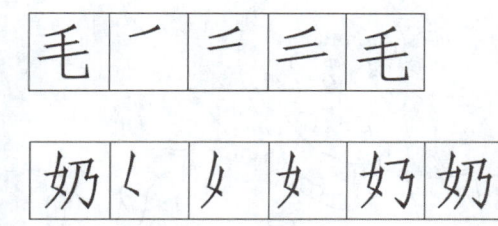

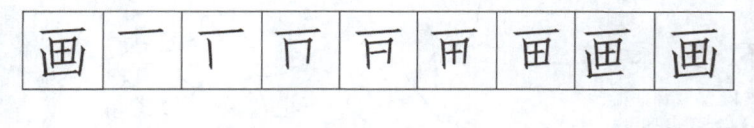

| 毛 | 一 | 二 | 三 | 毛 |

| 奶 | ㄑ | 夂 | 女 | 奶 | 奶 |

| 画 | 一 | 丆 | 丌 | 丌 | 丙 | 甶 | 画 | 画 |

| 谁 | 丶 | 讠 | 讠 | 讠 | 讠 | 讠 | 讠 | 讠 | 谁 | 谁 |

语音练习 Aussprache

◇ 读下面的句子，注意 z–c 的区别： (Lesen Sie die folgenden Sätze und achten Sie auf die Unterschiede zwischen z–c!)

    Wǒ xǐhuan chī zǎo.
1. 我 喜欢 吃 枣。 (Ich esse gerne Datteln.)

    Niú xǐhuan chī cǎo.
2. 牛 喜欢 吃 草。 (Kühe essen gerne Gras.)

第九课 我也想知道
Dì jiǔ kè   Wǒ yě xiǎng zhīdào

课文 Text

布什: 喂!是赵经理家吗?
Bùshí: Wéi! Shì Zhào jīnglǐ jiā ma?

赵妻: 是啊!您是哪位?
Zhào qī: Shì a! Nín shì nǎ wèi?

布什: 我是计算机公司的,有急事找他。
Bùshí: Wǒ shì jìsuànjī gōngsī de, yǒu jí shì zhǎo tā.

赵妻: 他现在不在家。
Zhào qī: Tā xiànzài bú zài jiā.

布什: 他什么时候回来?
Bùshí: Tā shénme shíhou huílai?

赵妻: 我也想知道。
Zhào qī: Wǒ yě xiǎng zhīdào.

Lektion 9   Ich möchte es auch wissen.

Bush: Hallo, ist das die Familie von Manager Zhao?

Zhao's Frau: Ja. Mit wem spreche ich bitte?

Bush: Ich bin von der Computer firma. Ich möchte Manager Zhao dringend sprechen.

Zhao's Frau: Er ist im Moment nicht zu Hause.

Bush: Wann kommt er zurück?

Zhao's Frau: Das möchte ich auch gern wissen.

生词 Neue Vokabeln

1.	想	xiǎng	助动 (Hilfsv.)	möchten
2.	喂	wéi	叹 (Int.)	Hallo
3.	计算机	jìsuànjī	名 (N.)	Computer
4.	公司	gōngsī	名 (N.)	Firma, Gesellschaft
5.	急	jí	形 (Adj.)	dringend, eilig

6.	事	shì	名 (N.)	Angelegenheit
7.	找	zhǎo	动 (V.)	aufsuchen, suchen
8.	时候	shíhou	名 (N.)	Zeitpunkt
9.	什么时候	shénme shíhou		wann
10.	回来	huílai		zurückkommen

句型 *Satzmodelle*

9.1 喂！是……吗？

Běijīng Dàxué
北京 大学

liúxuéshēng sùshè
留学生 宿舍

Běijīng Fàndiàn
北京 饭店

Hànyǔ zhōngxīn
汉语 中心

9.2 我是……的。

yóujú
邮局

yínháng
银行

sùdì gōngsī
速递 公司

kuàicān gōngsī
快餐 公司

9.3 他什么时候……？

xià kè
下课

huí jiā
回家

xià bān
下班

fàng xué
放学

生词 *Neue Vokabeln*

1.	北京	Běijīng	名（N.）	Beijing, Peking
2.	大学	dàxué	名（N.）	Universität
3.	北京大学	Běijīng Dàxué		Peking Universität
4.	留学生	liúxuéshēng	名（N.）	Auslandsstudent(in)
5.	宿舍	sùshè	名（N.）	Wohnheim
6.	饭店	fàndiàn	名（N.）	Hotel
7.	中心	zhōngxīn	名（N.）	Zentrum
8.	邮局	yóujú	名（N.）	Postamt
9.	银行	yínháng	名（N.）	Bank
10.	速递公司	sùdì gōngsī		Eilbeförderungsfirma
11.	快餐	kuàicān	名（N.）	Fastfood
12.	下课	xià kè		der Unterricht ist aus
13.	回家	huí jiā		nach Hause kommen
14.	下班	xià bān		Feierabend machen
15.	放学	fàng xué		Schule aushaben

练习 Übungen

听读听写 *Hören, nachsprechen und ein Diktat*

◇ 1. 用慢速和中速跟读课文录音。(Hören Sie den Text und sprechen Sie nach, zuerst langsam, und dann in mittlerm Tempo！)

◇ 2. 听录音，写句子。(Hören Sie den Text und schreiben Sie auf, was Sie gehört haben！)

词汇语法 *Vokabeln und Grammatik*

◇ 读下面的句子，体会"的"字后面的省略：(Lesen Sie die folgenden Sätze und achten Sie auf die weggelassenen Teil nach dem Partikel „的"！)

1. 我是北大的（教师 / 学生）。

2. 他是韩国的（留学生）。
3. 你是快餐公司的（职工）吗？

◆ 活学活用　*Lernen und Gebrauch*

◇ 模仿课文分组表演对话：(Machen Sie einen Dialog nach dem Beispiel des Textes und spielen Sie ihn dann in Ihrer Gruppe!)

翻 译 练 习　*Übersetzen*

翻译下面的句子：(Übersetzen Sie die folgenden Sätze ins Chinesische!)
1. Hallo, ist es die Computer Firma?
2. Wann wird euer Manager zurückkommen?
3. Das möchte ich auch gern wissen.

◆ 汉字书写　*Schreiben Sie auf Chinesisch*

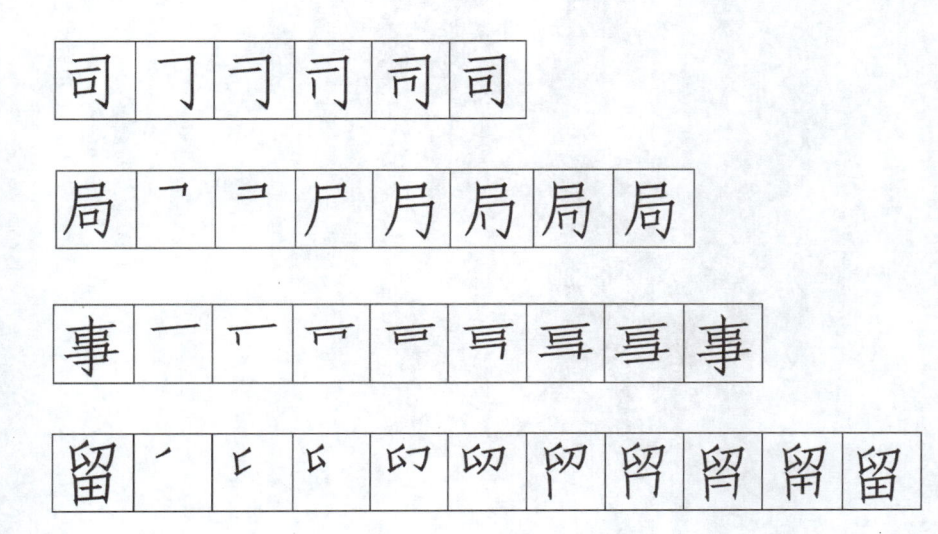

| 司 | 丁 | 寸 | 司 | 司 | 司 | | | | |

| 局 | ㇆ | ㇇ | 尸 | 局 | 局 | 局 | | | |

| 事 | 一 | 丆 | 亓 | 亓 | 写 | 写 | 事 | | |

| 留 | ノ | ㇇ | ㇇ | ㇆ | 切 | 印 | 甾 | 留 | 留 |

47

◆ 语音练习 *Aussprache*

◇ 读下面的句子，注意 z–c 的区别： （Lesen Sie die folgenden Sätze und achten Sie auf die Unterschiede zwischen z–c! ）

    Shǒu shang yǒu ge zì.
1. 手 上 有 个 字。 （Es gibt ein Schriftzeichen auf der Handfläche.）

    Shǒu shang yǒu ge cì.
2. 手 上 有 个 刺。 （Es Dorn steckt in der Hand.）

第十课　乔丹的朋友就是我的朋友
Dì-shí kè　Qiáodān de péngyou jiùshì wǒ de péngyou

课文 Text

马安迪： 您找谁？
Mǎ Āndí: Nín zhǎo shèi?

王兰： 我找罗乔丹。我是他的辅导。
Wáng Lán: Wǒ zhǎo Luó Qiáodān. Wǒ shì tā de fǔdǎo.

马安迪： 请等一下，他马上回来。请坐吧！
Mǎ Āndí: Qǐng děng yíxià, tā mǎshàng huílai. Qǐng zuò ba!

王兰： 打扰了。
Wáng Lán: Dǎrǎo le.

马安迪： 喝点儿咖啡吧！
Mǎ Āndí: Hē diǎnr kāfēi ba!

王兰： 谢谢。
Wáng Lán: Xièxie.

马安迪： 不用谢。乔丹的朋友就是我的朋友。
Mǎ Āndí: Búyòng xiè. Qiáodān de péngyou jiùshì wǒ de péngyou.

Lektion 10　Qiaodan's Freunde sind auch meine Freunde.

Ma Andi: Wen suchen Sie?

Wang Lan: Ich suche Luo Qiaodan. Ich bin seine Nachhilfelehrerin.

Ma Andi: Bitte warten Sie einen Augenblick. Er kommt bald zurück. Nehmen Sie bitte Platz!

Wang Lan: (Entschuldigen Sie) die Störung.

Ma Andi: Trinken Sie etwas Kaffee?

Wang Lan: Danke.

Ma Andi: Nichts zu danken. Qiaodan's Freunde sind auch meine Freunde.

生词 *Neue Vokabeln*

1.	就是	jiùshì		eben, genau, tatsächlich
2.	辅导	fǔdǎo	动、名 (V./N.)	nachhelfen; Nachhilfelehrer(in)
3.	请	qǐng	动 (V.)	Bitte; einladen
4.	等	děng	动 (V.)	auf... warten
5.	(一)下	(yí)xià	量 (ZEW)	einen Moment, einen Augenblick
6.	马上	mǎshàng	副 (Adv.)	sofort, gleich, bald
7.	坐	zuò	动 (V.)	sich setzen, Platz nehmen; sitzen
8.	吧	ba	助	Vorschlag, Aufforderung, Zustimmung ausdrückend
9.	打扰	dǎrǎo	动 (V.)	stören
10.	喝	hē	动 (V.)	trinken
11.	(一)点儿	(yì)diǎnr	量 (ZEW)	ein bißchen, etwas
12.	谢谢	xièxie	动 (V.)	danke
13.	咖啡	kāfēi	名 (N.)	Kaffee
14.	不用	bú yòng	副 (Adv.)	nicht nötig, nicht brauchen

句型 *Satzmodelle*

● 10.1 我找……。

zǒngjīnglǐ	dǒngshìzhǎng	Zhāng nǚshì	Lǐ xiàozhǎng
总经理	董事长	张 女士	李 校长

10.2 我是……(的)……。

nǐ de tóngshì
你的同事

tā gēge
他哥哥

nín de xuésheng
您的学生

nǐmen de kǒuyǔ lǎoshī
你们的口语老师

tāmen de péngyou
他们的朋友

10.3 喝点儿……吧！

chá
茶

kuàngquánshuǐ
矿泉水

píjiǔ
啤酒

kělè
可乐

生词 *Neue Vokabeln*

1. 总经理	zǒngjīnglǐ	名 (N.)	Generaldirektor(in)
2. 董事长	dǒngshìzhǎng	名 (N.)	Vorstandsvorsitzende(r)
3. 女士	nǚshì	名 (N.)	Dame
4. 校长	xiàozhǎng	名 (N.)	Rektor(in), Universitätspräsident(in)

5. 同事	tóngshì	名 (N.)	Kollege, Kollegin
6. 他们	tāmen	代 (Pron.)	sie, ihnen
7. 口语	kǒuyǔ	名 (N.)	Umgangssprache
8. 茶	chá	名 (N.)	Tee
9. 矿泉水	kuàngquánshuǐ	名 (N.)	Mineralwasser
10. 啤酒	píjiǔ	名 (N.)	Bier
11. 可乐	kělè	名 (N.)	Cola

练习 Übungen

◆ 听读听写　*Hören, nachsprechen und ein Diktat*

◇ 1. 用慢速和中速跟读课文录音。(Hören Sie den Text und sprechen Sie nach, zuerst langsam, und dann in mittlerm Tempo!)

◇ 2. 听录音，写句子。(Hören Sie den Text und schreiben Sie auf, was Sie gehört haben!)

◆ 词汇语法　*Vokabeln und Grammatik*

◇ 选择填空：(Welche Pronomina passen in die Sätze?!)

1. _____(你 / 您)是_____(他们 / 你们)班的汉语老师吗？
2. _____(他们 / 他)是半个美国人。
3. _____(我 / 我们)五百年前是一家。

◆ 活学活用　*Lernen und Gebrauch*

◇ 回答问题：(Beantworten Sie folgenden Fragen!)

1. 你有汉语辅导吗？请介绍(jiè shào；vorstellen)你的辅导。
2. 你有中国朋友吗？你想教英语吗？

翻译练习 Übersetzen

翻译下面的句子：（Übersetzen Sie die folgenden Sätze ins Chinesische!）

1. Was suchen Sie?
2. Bitte warten Sie einen Augenblick. Möchten Sie etwas Kaffee?
3. Ich bin der Generaldirektor der Firma.

汉字书写 Schreiben Sie auf Chinesisch

| 长 | ノ | 一 | 长 | 长 | | | |

| 乐 | 一 | 匚 | 乐 | 乐 | 乐 | | |

| 导 | 丁 | 刁 | 巳 | 且 | 导 | 导 | |

| 坐 | ノ | 人 | 人 | 从 | 丛 | 坐 | 坐 |

语音练习 Aussprache

◇ 读下面的绕口令：（Lesen Sie den Zungenbrecher!）

Chī pútao bù tǔ pútao pír, bù chī pútao dào tǔ pútao pír.
吃 葡萄 不 吐 葡萄 皮儿，不 吃 葡萄 倒 吐 葡萄 皮儿。

Dì-shíyī kè Zhè me guì?
第十一课 这么贵？

课文 *Text*

Cuī Chéngzhé: Qǐng wèn, zhè píngguǒ duōshao qián yì jīn?
崔成哲： 请问，这苹果多少钱一斤？

Shòuhuòyuán: Liǎng kuài wǔ (máo). Nǐ yào duōshao?
售货员： 两块五(毛)。你要多少？

Cuī Chéngzhé: Wǒ mǎi sān ge.
崔成哲： 我买三个。

Shòuhuòyuán: Yì jīn bàn, sān kuài qī máo wǔ (fēn).
售货员： 一斤半，三块七毛五(分)。
Hái yào biéde ma?
还要别的吗？

Cuī Chéngzhé: Zhè xīguā zěnme mài?
崔成哲： 这西瓜怎么卖？

Shòuhuòyuán: Yì jīn liǎng kuài.
售货员： 一斤两块。

Cuī Chéngzhé: Zhème guì? Bú yào le.
崔成哲： 这么贵？不要了。

Lektion 11   So teuer?

Cui Chengzhe: Entschuldigung, was kostet das Pfund Äpfel hier?

Verkaeuferin: 2 Kuai 5 Mao. Wieviel möchtest du?

Cui Chengzhe: 3 Stück.

Verkaeuferin: Eineinhalb Pfund. Also 3 Kuai 7 Mao 5 (fen). Sonst noch etwas?

Cui Chengzhe: Wieviel kostet diese Wassermelone?

Verkaeuferin: 2 Kuai das Pfund.

Cui Chengzhe: So teuer? Nein, dann nicht.

生词 *Neue Vokabeln*

1. 这么	zhème	代 (Pron.)	so
2. 贵	guì	形 (Adj.)	teuer

3. 苹果	píngguǒ	名(N.)	Apfel	
4. 钱	qián	名(N.)	Geld	
5. 斤	jīn	量(ZEW)	Pfund, 0,5 Kilogramm	
6. 售货员	shòuhuòyuán	名(N.)	Verkäufer (in)	
7. 块	kuài	量(ZEW)	chinesische Währungseinheit, umgangssprachlicher Bezeichnung für Yuan	
8. 毛	máo	量(ZEW)	0.1 Kuai	
9. 要	yào	动(V.)	möchten, wollen	
10. 买	mǎi	动(V.)	kaufen	
11. 分	fēn	量(ZEW)	0.01 Kuai	
12. 还	hái	副(Adv.)	noch	
13. 别的	biéde	代(Pron.)	ander, sonst etwas anderes, sonstige (-r, -s)	
14. 西瓜	xīguā	名(N.)	Wassermelone	
15. 卖	mài	动(V.)	verkaufen	

句型 *Satzmodelle*

11.1 块(元)、毛(角)、分

yìbǎi kuài (yuán)
一百块（元）

wǔ máo (jiǎo)
五毛（角）

bā fēn
八分

Shíliù kuài
十六块

liǎng máo èr
两毛二

qīshí kuài líng yì máo
七十块零一毛

11.2 这……多少钱一斤？

pútao	yīngtao	júzi	táo
葡萄	樱桃	橘子	桃

11.3 我买……

yí ge xīguā	èr jīn lí	yì bǎ xiāngjiāo	yì xiāng cǎoméi
一个 西瓜	二斤 梨	一把 香蕉	一箱 草莓

11.4 这么……

gāo	shǎo	shòu	máfan
高	少	瘦	麻烦

生词 Neue Vokabeln

1.	元	yuán	量 (ZEW)	formelle Bezeichnung für „kuai"
2.	角	jiǎo	量 (ZEW)	formelle Bezeichnung für „mao"
3.	葡萄	pútao	名 (N.)	Traube

4. 樱桃	yīngtao	名 (N.)	Kirsche
5. 橘子	júzi	名 (N.)	Mandarine
6. 桃	táo	名 (N.)	Pfirsich
7. 梨	lí	名 (N.)	Birne
8. 香蕉	xiāngjiāo	名 (N.)	Banane
9. 箱	xiāng	量 (ZEW)	Kasten, Koffer
10. 草莓	cǎoméi	名 (N.)	Erdbeere
11. 高	gāo	形 (Adj.)	groß; hoch
12. 少	shǎo	形 (Adj.)	wenig, gering
13. 瘦	shòu	形 (Adj.)	dünn; mager; eng
14. 麻烦	máfan	形 (Adj.)	umständlich, lästig

练 习 Übungen

听读听写 *Hören, nachsprechen und ein Diktat*

◆ 1. 用慢速和中速跟读课文录音。(Hören Sie den Text und sprechen Sie nach, zuerst langsam, und dann in mittlerm Tempo!)

◆ 2. 听录音，写句子。(Hören Sie den Text und schreiben Sie auf, was Sie gehört haben!)

词汇语法 *Vokabeln und Grammatik*

◆ 1. 看图写词: (Was ist auf dem Bild? Schreiben Sie auf!)

( )　　( )　　( )　　( )　　( )

◆ 2. 写出反义词：(Geben Sie Gegenbegriffe von den folgenden Wörtern an！)

多—(　　)　　买—(　　)　　左边—(　　)　　前边—(　　)

◆ 活学活用　*Lernen und Gebrauch*

◆ 1. 认读人民币。(Lernen Sie Chinesisches Geld kennen und versuchen Sie, Scheine und Münzen zu erkennen！)

◆ 2. 用实物或图片表演购物。(Spielen Sie Einkaufen mit Gegenständen oder Bildern！)

◆ 翻 译 练 习　*Übersetzen*

翻译下面的句子：(Übersetzen Sie die folgenden Sätze ins Chinesische！)

1. Wieviel Erdbeeren möchtest du?
2. Wieviel kosten die Erdbeeren?
3. Wieso ist sie so dünn?

◆ 汉字书写　*Schreiben Sie auf Chinesisch*

| 瓜 | 一 | 厂 | 爪 | 瓜 | 瓜 |

| 角 | ノ | ク | ク | 乃 | 甪 | 角 | 角 |

| 货 | ノ | 亻 | 化 | 化 | 化 | 华 | 货 | 货 |

| 莓 | 一 | 十 | 艹 | 艹 | 艹 | 芒 | 荁 | 莓 | 莓 | 莓 |

语音练习 *Aussprache*

◇ 读下面的句子,注意 uan 和 uang 的区别:(Lesen Sie die folgenden Sätze und achten Sie auf die Unterschiede zwischen uan–uang!)

    Zhè shì háizi de xiǎo chuán.
1. 这 是 孩子 的 小 船。 (Das ist das Schiffchen des Kindes.)

    Zhè shì háizi de xiǎo chuáng.
2. 这 是 孩子 的 小 床。 (Das ist das Bettchen des Kindes.)

Dì- shí'èr kè　　Nǐ zhēn kělián
第十二课　你真可怜

课文 *Text*

Lù Dàwèi:　Tīngshuō Běijīng cōngtiān hěn lěng.
陆大卫：　听说 北京 冬天 很 冷。

Piáo Yīngyù:　Wǒ pà rè bú pà lěng.
朴英玉：　我 怕 热 不 怕 冷。

Lù Dàwèi:　Nà nǐ de fángjiān xiàtiān méiyǒu kōngtiáo zěnme bàn?
陆大卫：　那 你 的 房间 夏天 没有 空调 怎么 办？

Piáo Yīngyù:　Wǒ tǎng zài yùgāng li fùxí gōngkè.
朴英玉：　我 躺 在 浴缸 里 复习 功课。

Lù Dàwèi:　Ò, nǐ zhēn kělián!
陆大卫：　哦，你 真 可怜！

Lektion 12　Du Arme!

Lu Dawei:　　Ich habe gehört, daß der Winter in Beijing sehr kalt ist.

Piao Yingyu:　Ich fürchte Hitze, nicht Kälte.

Lu Dawei:　　Und was machst du, wenn du im Sommer keine Klimaanlage im Zimmer hast?

Piao Yingyu:　Ich werde mich in die Badewanne legen und dort lernen.

Lu Dawei:　　Oh, du Arme !

生词 *Neue Vokabeln*

1.	可怜	kělián	形 (Adj.)	arm, bedauernswert
2.	听说	tīngshuō		von etwas gehört haben, es soll...
3.	冬天	dōngtiān	名 (N.)	Winter
4.	冷	lěng	形 (Adj.)	kalt
5.	怕	pà	动 (V.)	Angst haben, fürchten
6.	夏天	xiàtiān	名 (N.)	Sommer
7.	空调	kōngtiáo	名 (N.)	Klimaanlage

8. 怎么办	zěnme bàn		Was tun?
9. 躺	tǎng	动 (V.)	sich hinlegen; liegen
10. 浴缸	yùgāng	名 (N.)	Badewanne
11. 复习	fùxí	动 (V.)	wiederholen
12. 功课	gōngkè	名 (N.)	Schulaufgabe

句型 Satzmodelle

12.1 我怕……。

kǔ	sǐ	kǎoshì	lǎoshǔ
苦	死	考试	老鼠

12.2 ……怎么办?

bú huì shuō Hànyǔ	qián bú gòu	xià yǔ	méiyǒu gōnggòng qìchē
不会说汉语	钱不够	下雨	没有公共汽车

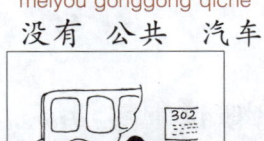

12.3 你真……!

piàoliang	yōumò	yòng gōng	tǎoyàn
漂亮	幽默	用功	讨厌

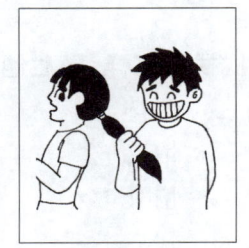

生词 Neue Vokabeln

1.	苦	kǔ	形、名 (Adj./N.)	bitter, hart; Härte
2.	死	sǐ	动 (V.)	sterben
3.	考试	kǎoshì	动、名 (V./N.)	Prüfung ablegen; Prüfung
4.	老鼠	lǎoshǔ	名 (N.)	Maus
5.	够	gòu	动 (V.)	genug, ausreichend
6.	下(雨)	xià(yǔ)	动 (V.)	regnen
7.	公共汽车	gōnggòng qìchē		Bus
8.	漂亮	piàoliang	形 (Adj.)	hübsch, gut aussehend, schön
9.	幽默	yōumò	形 (Adj.)	humorvoll
10.	用功	yòng gōng		fleißig
11.	讨厌	tǎoyàn	形、动 (Adj./V.)	ärglich, widerlich, unangenehm; sich aufregen etw nicht leiden könen

练习 Übungen

听读听写 Hören, nachsprechen und ein Diktat

◇ 1. 用慢速和中速跟读课文录音。(Hören Sie den Text und sprechen Sie nach, zuerst langsam, und dann in mittlerm Tempo!)

◇ 2. 听录音，写句子。(Hören Sie den Text und schreiben Sie auf, was Sie gehört haben!)

词汇语法 Vokabeln und Grammatik

◇ 1. 找找谁这样，填上他的名字：(Finden Sie jemand, der ...!)

_____怕热　　　_____怕老鼠　　　_____怕蟑螂（zhāngláng；Schabe）

_____怕冷　　　_____怕爸爸　　　_____怕老婆（lǎopo；Frau）

_____怕死　　　_____怕总经理　　　_____怕地震（dìzhèn；Erdbeben）

62

◆ 2. 填空: (Ergänzen Sie die Sätze!)
(1) _____ 是一个幽默的人。
(2) _____ 真漂亮！

活学活用　Lernen und Gebrauch

◆ 回答问题: (Beantworten Sie folgenden Fragen!)
1. 你怕不怕热（冷）？
2. 你喜欢什么季节（jìjié; Jahreszeit）？
3. 说说你怕什么？

课堂游戏　ein Spiel

算算数（Rechenaufgaben）

一个同学出一道简单的算术题，另一个同学在一定时间内回答，答对后再继续出题。以此类推。老师可事先教学生"加"、"减"、"乘"、"除"、"等于"等算术词语。

Ein Student stellt eine einfache Rechenaufgabe, ein anderer Student gibt die Lösung innerhalb einer bestimmten Zeit. Wenn die Lösung richtig ist, stellt der zweite Student eine neue Aufgabe, usw. Der Lehrer könnte anfangs ein paar mathematische Symbole wie plus, minus, mal, geteilt durch, gleich, etc vorgeben.

翻译练习　Übersetzen

翻译下面的句子: (Übersetzen Sie die folgenden Sätze ins Chinesische!)
1. Ich habe gehört, daß der Sommer in Beijing sehr heiß ist.
2. Was tun, wenn du kein Geld zum Bücherkaufen hast?
3. Du bist so schön!

汉字书写 *Schreiben Sie auf Chinesisch*

考	一	十	土	耂	考	考		

听	丨	口	口	吖	听	听	听	

幽	丨	丩	纟	幺	丝	丝	丝	幽	幽

夏	一	丆	丆	丙	百	百	頁	夏	夏

语音练习 *Aussprache*

◇ 读下面的句子，注意 in 和 ing 的区别：(Lesen Sie die folgenden Sätze und achten Sie auf die Unterschiede zwischen in–ing!)

    Zhè shì yì shǒu míngē.
1. 这 是 一 首 民歌。 (Das ist ein Volkslied.)

    Zhè shì yì shǒu míng gē.
2. 这 是 一 首 名 歌。 (Das ist ein bekanntes Lied.)

Dì- shísān kè　Zhēn ná nǐ méi bànfǎ
第十三课　真拿你没办法

课文 Text

Wǔ Sōng: Míngtiān yǒu kǎoshì.
伍松：明天有考试。

Mǎlì: Wǒ zhīdào, kěshì wǒ méiyǒu shíjiān fùxí, zhēn jí rén.
玛丽：我知道，可是我没有时间复习，真急人。

Wǔ Sōng: Zháo jí yǒu shénme yòng? Gǎnkuài fùxí ba!
伍松：着急有什么用？赶快复习吧！

Mǎlì: Nǎr yǒu shíjiān fùxí ya? Wǒ de nánpéngyou yuē wǒ qù kàn zájì.
玛丽：哪儿有时间复习呀？我的男朋友约我去看杂技。

Wǔ Sōng: Zhēn ná nǐ méi bànfǎ!
伍松：真拿你没办法！

Lektion 13　Was kann ich mit dir machen?

Wu Song:　Morgen haben wir eine Prüfung.

Mali:　Ich weiß, aber ich habe keine Zeit zu wiederholen. Ich mache mir wirklich Sorgen.

Wu Song:　Was nützt es, sich Sorge zu machen? Fang gleich mit dem Wiederholen an!

Mali:　Wo habe ich denn Zeit zum Wiederholen? Mein Freund hat sich mit mir für den Zirkus verabredet.

Wu Song:　Da Kann ich wohl auch nichts für dich machen!

生词 Neue Vokabeln

1. 拿	ná	介 (Präp.)		mit
2. 没	méi	动、副 (V./Adv.)		nicht haben, etwas gibt es nicht
3. 办法	bànfǎ	名 (N.)		Methode, Lösung
4. 明天	míngtiān	名 (N.)		morgen
5. 可是	kěshì	连 (Konj.)		aber

6.	时间	shíjiān	名 (N.)	Zeit
7.	急人	jírén		beunruhigend, besorgniserregend
8.	着急	zhāojí	形 (Adj.)	besorgt, sich Sorgen machen
9.	有什么用	yǒu shénme yòng		es nutzt nichts
10.	赶快	gǎnkuài	副 (Adv.)	es eilig haben (etwas zu tun), in Eile sein
11.	哪儿有	nǎryǒu		woher haben, nicht haben, woher gibt es…, es gibt nicht
12.	呀	ya	助	gleich „啊"
13.	约	yuē	动 (V.)	sich mit jmdm. verabreden
14.	看	kàn	动 (V.)	sehen, ansehen
15.	杂技	zájì	名 (N.)	Akrobatik

句型 *Satzmodelle*

● 13.1 我没有时间……。

kàn xiǎoshuō
看 小说

tīng yīnyuè
听 音乐

shōushi fángjiān
收拾 房间

xǐ yīfu
洗 衣服

● 13.2 ……有什么用?

Bù jígé, nánguò yǒu shénme yòng?
不 及格,难过 有 什么 用?

Bù jiēshi, piàoliang yǒu shénme yòng?
不 结实,漂亮 有 什么 用?

Bù xuéxí, cōngming yǒu shénme yòng?
不 学习, 聪明 有 什么 用？

Bù ānquán, kuài yǒu shénme yòng?
不 安全，快 有 什么 用？

● 13.3 哪儿有时间……啊（呀、哪）?

xià qí
下棋

lǚxíng
旅行

liànxí shūfǎ
练习书法

qù túshūguǎn
去 图书馆

生词 Neue Vokabeln

1. 小说	xiǎoshuō	名 (N.)	Roman, Erzählung, Novelle
2. 听	tīng	动 (V.)	hören, anhören
3. 音乐	yīnyuè	名 (N.)	Musik
4. 收拾	shōushi	动 (V.)	aufräumen, etw in Ordnung bringen
5. 洗	xǐ	动 (V.)	waschen
6. 衣服	yīfu	名 (N.)	Kleidung, Klamotten
7. 及格	jí gé		bestanden, ausreichend, genügend
8. 难过	nánguò	形 (Adj.)	traurig
9. 结实	jiēshi	形 (Adj.)	haltbar, strapazierfähig, unverwüstlich
10. 学习	xuéxí	动、名 (V./N.)	lernen, studieren; Studium
11. 聪明	cōngming	形 (Adj.)	intelligent, klug, gescheit

67

12. 安全	ānquán	形 (Adj.)	sicher
13. 快	kuài	形 (Adj.)	schnell
14. 下(棋)	xià(qí)	动 (V.)	Schach/Brettspiel spielen
15. 棋	qí	名 (N.)	Schach, Brettspiel
16. 旅行	lǚxíng	动 (V.)	reisen
17. 练习	liànxí	动、名 (V./N.)	üben
18. 书法	shūfǎ	名 (N.)	Kalligraphie
19. 图书馆	túshūguǎn	名 (N.)	Bibliothek, Bücherei
20. 哪	na	助	gleich „啊"

练习 Übungen

听读听写 Hören, nachsprechen und ein Diktat

◆ 1. 用慢速和中速跟读课文录音。(Hören Sie den Text und sprechen Sie nach, zuerst langsam, und dann in mittlerm Tempo!)

◆ 2. 听录音，写句子。(Hören Sie den Text und schreiben Sie auf, was Sie gehört haben!)

词汇语法 Vokabeln und Grammatik

◆ 完成下面的句子：(Ergänzen Sie die folgenden Sätze!)

1. _____，真急人！
2. 赶快_____吧。
3. 你_____，现在难过有什么用？

活学活用 Lernen und Gebrauch

◆ 回答问题：(Beantworten Sie folgenden Fragen!)

1. 你现在学习忙吗？

2. 你周末(zhōumò; wochenende)有没有时间去旅行？

3. 周末你的朋友常常约你去哪儿？

翻 译 练 习 Übersetzen

翻译下面的句子:（Übersetzen Sie die folgenden Sätze ins Chinesische！）

1. Ich habe keine Zeit mein Zimmer aufzuräumen.
2. Was nützt es, zu bereuen?
3. Meine Freundin hat sich mit mir für den Zirkus verabredet.

汉字书写 Schreiben Sie auf Chinesisch

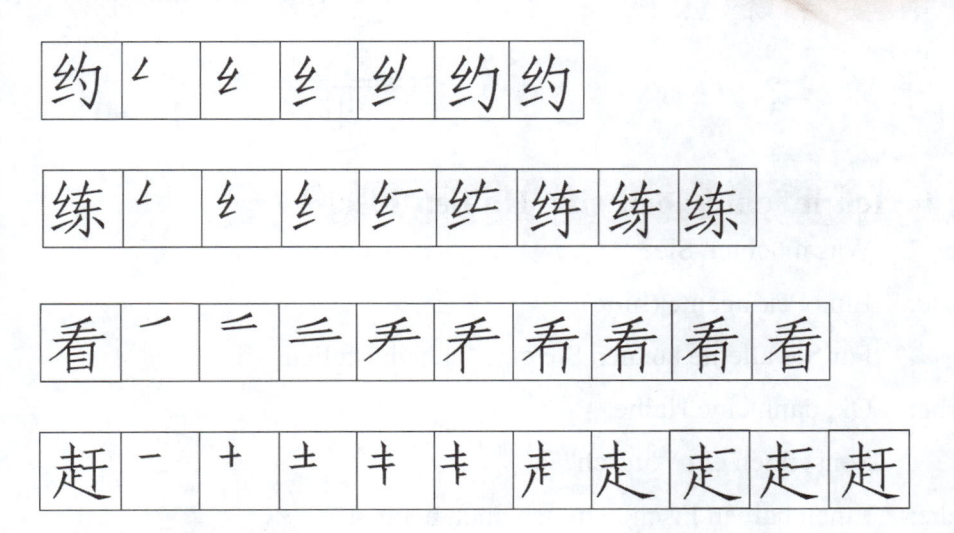

| 约 | 乙 | 乡 | 纟 | 纟 | 约 | 约 |

| 练 | 乙 | 乡 | 纟 | 纟 | 纱 | 练 | 练 | 练 |

| 看 | 一 | 二 | 三 | 手 | 手 | 看 | 看 | 看 | 看 |

| 赶 | 一 | 十 | 土 | 耂 | 耂 | 走 | 走 | 走 | 走 | 赶 |

语音练习 Aussprache

◇ 读下面的句子，注意 an 和 ang 的区别:（Lesen Sie die folgenden Sätze und achten Sie auf die Unterschiede zwischen an-ang！）

　　Bú yào dānxīn.
1. 不 要 担 心。　（Keine Sorge!）

　　Yào dāngxīn!
2. 要 当 心！　（Pass auf!）

Dì- shísì kè　Zài yào bàn tiáo yú ba
第十四课　再要半条鱼吧

课文 *Text*

Fúwùyuán:	Nín lái diǎnr shénme?
服务员：	您来点儿什么？
Cuī Chéngzhé:	Lái yì zhī Běijīng kǎoyā.
崔成哲：	来一只北京烤鸭。
Fúwùyuán:	Nín yí ge rén chī kěyǐ yào bàn zhī.
服务员：	您一个人吃可以要半只。
Cuī Chéngzhé:	Hǎo, nà jiù yào bàn zhī.
崔成哲：	好，那就要半只。
Fúwùyuán:	Nín hái yào diǎnr shénme?
服务员：	您还要点儿什么？
Cuī Chéngzhé:	Zài yào bàn tiáo yú ba.
崔成哲：	再要半条鱼吧。
Fúwùyuán:	Bàn tiáo yú?
服务员：	半条鱼？

Lektion 14   Ich möchte noch eine Halben Fisch?

Kellnerin:	Was möchten Sie?
Cui Chengzhe:	Eine Pekingente (bitte).
Kellnerin:	Für Sie alleine können Sie eine halbe bestellen.
Cui Chengzhe:	Ok, dann eine Halbe.
Kellnerin:	Sonst noch ein Wunsch?
Cui Chengzhe:	Einen halben Fisch hätte ich auch noch gern.
Kellnerin:	Ein Halber Fisch?

生词 *Neue Vokabeln*

1.	再	zài	副 (Adv.)	noch
2.	条	tiáo	量 (ZEW)	für lange und schmale Gegenstände, z.B. Seil, Straße, Fluß, Schlange, Fisch, etc.
3.	鱼	yú	名 (N.)	Fisch

4. 来	lái	动 (V.)	bringen Sie... (wenn man andere etwas bringen lässt),... bestellen oder kaufen wollen
5. 北京烤鸭	Běijīng kǎoyā		Pekingente
6. 可以	kěyǐ	助动 (Hilfsv.)	können
7. 好	hǎo	形 (Adj.)	okay, einverstanden
8. 就	jiù	副 (Adv.)	(wenn dem so ist,) dann...

bestellen

句型 Satzmodelle

14.1 您……点儿什么?

chī 吃   hē 喝   mǎi 买

14.2 来……

yíge yúxiāngròusī 一个 鱼香肉丝
yíge suānlàtāng 一个 酸辣汤
yì wǎn mǐfàn 一碗 米饭
yìpíng píjiǔ 一瓶 啤酒

yíge mántou 一个 馒头 / yì wǎn miàntiáo 一碗 面条 / yì tīng kělè 一听 可乐 / yì píng kuàngquánshuǐ 一瓶 矿泉水

71

14.3 再要……

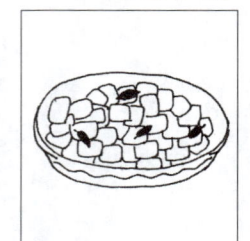

yí ge mápódòufu	yì zhī xiāngsūjī	yìpán zhá mántou	èr liǎng jiǎozi
一个 麻婆豆腐	一只 香酥鸡	一盘 炸馒头	二两 饺子

yìpán chǎofàn　　èr liǎng shāomài　　sān ge bāozi　　yì wǎn húntun
一盘 炒饭　/　二两 烧卖　/　三个 包子　/　一碗 馄饨

生词 *Neue Vokabeln*

1.	鱼香肉丝	yúxiāngròusī	Süßscharfes geschnetzeltes Schweinefleisch
2.	酸辣汤	suānlàtāng	Sauerscharf suppe
3.	碗	wǎn	量、名 (N./ZEW) Schale, Schüssel
4.	瓶	píng	量 (ZEW) Flasche
5.	听	tīng	量 (ZEW) Büchse, Dose
6.	麻婆豆腐	mápódòufu	Tofu mit Paprika, Blütenpfeffer und Hackfleisch
7.	香酥鸡	xiāngsūjī	knusprig gebratenes Huhn
8.	盘	pán	量 (ZEW) Teller
9.	炸	zhá	动 (V.) braten, frittieren
10.	两	liǎng	量 (ZEW) 0.1 Jin; 0.1 Pfund

练习 Übungen

听读听写 Hören, nachsprechen und ein Diktat

◇ 1. 用慢速和中速跟读课文录音。(Hören Sie den Text und sprechen Sie nach, zuerst langsam, und dann in mittlerm Tempo!)
◇ 2. 听录音，写句子。(Hören Sie den Text und schreiben Sie auf, was Sie gehört haben!)

词汇语法 Vokabeln und Grammatik

◇ 根据菜单列出你选择的晚餐：(Lesen Sie das Speisekarte und listen Sie dann Gerichte für Ihr Abendessen auf!)

热菜 (warme Gerichte)	汤 (Suppe)	主食 (Beilagen)	饮料 (Getränke)
鱼香肉丝	酸辣汤	米饭	啤酒
麻婆豆腐	……	炸馒头	可口可乐
香酥鸡		饺子	矿泉水
北京烤鸭		面条	……
……		炒饭	
		烧卖	
		包子	
		馄饨	
		……	

热菜：＿＿＿＿＿＿＿＿　　汤：＿＿＿＿＿＿＿＿
主食：＿＿＿＿＿＿＿＿　　饮料：＿＿＿＿＿＿＿＿

活学活用 Lernen und Gebrauch

◇ 1. 回答问题：(Beantworten Sie folgenden Fragen!)
　　(1) 你经常（jīngcháng; oft）去餐馆吗？喜欢吃什么菜（cài; Gericht）？
　　(2) 你喜欢吃北京烤鸭吗？北京烤鸭怎么吃？
　　(3) 说出你知道的中国菜的名字。

◇ 2. 模仿课文分组表演对话: (Erstellen Sie einen Dialog nach dem Beispiel des Textes und spielen Sie ihn dann in Ihrer Gruppe!)

翻 译 练 习 *Übersetzen*

翻译下面的句子: (Übersetzen Sie die folgenden Sätze ins Chinesische!)

1. Was möchten Sie bestellen?
2. Ich möchte eine Flasche Bier.
3. Für Sie alleine können Sie eine halbe (Pekingente) bestellen.

◆ 汉字书写 *Schreiben Sie auf Chinesisch*

丝	ㄥ	纟	纠	쑤	丝
再	一	厂	冂	冃	再	再
条	丿	夂	夂	冬	条	条
鱼	丿	勹	个	乌	乌	鱼	鱼	鱼

◆ 语音练习 *Aussprache*

◇ 读下面的句子,注意 en 和 eng 的区别: (Lesen Sie die folgenden Sätze und achten Sie auf die Unterschiede zwischen en–eng!)

Chén lǎoshī jiāo wǒmen kǒuyǔ, Chéng lǎoshī jiāo wǒmen tīnglì.
陈 老师 教 我们 口语, 程 老师 教 我们 听力。
(Lehrer Chen unterrichtet uns mündliche Kommunikation, Lehrer Cheng unterrichtet uns Hörverständnis.)

Dì-shíwǔ kè tā shuō wǒ tài pàng le
第十五课 她说我太胖了

课文 *Text*

Mǎ Āndí:	Xiǎojie, qǐng gěi wǒ yì bēi chá.	
马安迪:	小姐,请给我一杯茶。	
Fúwùyuán:	Nín yào shénme chá? Mòlì huāchá háishi lǜchá?	
服务员:	您要什么茶?茉莉花茶还是绿茶?	
Mǎ Āndí:	Wǒ yào hóngchá.	
马安迪:	我要红茶。	
Fúwùyuán:	Yào fàng táng ma?	
服务员:	要放糖吗?	
Mǎ Āndí:	Yīshēng bú ràng wǒ chī táng.	
马安迪:	医生不让我吃糖。	
Fúwùyuán:	Wèi shénme?	
服务员:	为什么?	
Mǎ Āndí:	Tā shuō wǒ tài pàng le.	
马安迪:	她说我太胖了。	

Lektion 15   Sie meint, dass ich zu dick bin.

Ma Andi: Fräulein, eine Tasse Tee bitte.

Kellnerin: Was für einen Tee möchten Sie? Jasmintee oder grünen Tee?

Ma Andi: Ich möchte einen schwarzen Tee.

Kellnerin: Möchten Sie Zucker haben?

Ma Andi: Meine Aerztin erlaubt es mir nicht, Zucker zu essen.

Kellnerin: Wieso?

Ma Andi: Sie meint, daß ich zu dick bin.

生词 *Neue Vokabeln*

1. 太……了   tài……le   zu, allzu, übermäßig

2. 胖	pàng	形 (Adj.)	dick
3. 给	gěi	动 (V.)	geben
4. 杯	bēi	量 (ZEW)	Becher, Glas, Tasse
5. 茉莉花茶	mòlì huāchá		Jasmintee
6. 还是	háishi	连 (Konj.)	oder
7. 绿茶	lǜchá		grüner Tee
8. 红茶	hóngchá		schwarzer Tee
9. 放	fàng	动 (V.)	etw in/auf etw tun
10. 糖	táng	名 (N.)	Zucker
11. 医生	yīshēng	名 (N.)	Arzt, Aerztin
12. 让	ràng	动 (V.)	lassen, j-m etw erlauben
13. 为什么	wèi shénme		wieso, warum

句型 *Satzmodelle*

● 15.1 请给我……。

yì bēi kāfēi
一 杯 咖啡

yì píng pútáojiǔ
一 瓶 葡萄酒

yì tīng xuěbì
一 听 雪碧

jǐ zhāng cānjīnzhǐ
几 张 餐巾纸

● 15.2 您要什么……？

shuǐguǒ
水果

yǐnliào
饮料

tāng
汤

zhǔshí
主食

● 15.3 ……还是……？

píjiǔ　háishi　pútáojiǔ?
啤酒 还是 葡萄酒？

mǐfàn　háishi　mántou?
米饭 还是 馒头？

zhèjiàn　háishì　nàjiàn
这件 还是 那件？

● 15.4 太……了？

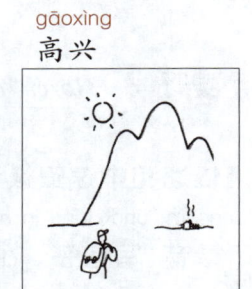

měi
美

nán
难

zǎo
早

gāoxìng
高兴

●

shòu　　guì　　lěng　　piàoliang
瘦　/　贵　/　冷　/　漂亮

生词 *Neue Vokabeln*

1.	葡萄酒	pútáojiǔ	名 (N.)	Wein
2.	雪碧	xuěbì	名 (N.)	Sprite
3.	餐巾纸	cānjīnzhǐ	名 (N.)	Serviette
4.	水果	shuǐguǒ	名 (N.)	Obst
5.	饮料	yǐnliào	名 (N.)	alkoholfreie Getränke
6.	汤	tāng	名 (N.)	Suppe, Brühe
7.	主食	zhǔshí	名 (N.)	Grundnahrungsmittel

8. 件	jiàn	量 (ZEW)	Stück; für Kleidung, Möbel, Angelegenheiten, etc.
9. 那	nà	代 (Pron.)	jene(r)
10. 美	měi	形 (Adj.)	schön
11. 难	nán	形 (Adj.)	schwierig, schwer
12. 早	zǎo	形 (Adj.)	früh
13. 高兴	gāoxìng	形 (Adj.)	froh, erfreut, gut gelaunt

练习 Übungen

听读听写 Hören, nachsprechen und ein Diktat

◇ 1. 用慢速和中速跟读课文录音。(Hören Sie den Text und sprechen Sie nach, zuerst langsam, und dann in mittlerm Tempo！)

◇ 2. 听录音，写句子。(Hören Sie den Text und schreiben Sie auf, was Sie gehört haben！)

词汇语法 Vokabeln und Grammatik

◇ 1. 填空回答问题：(Schreiben Sie die Antworten auf folgende Fragen nieder！)

(1) A: 你喝可乐还是雪碧？
　　B: _____。

(2) A: 你吃馒头还是米饭？
　　B: _____。

(3) A: 你要苹果还是香蕉？
　　B: _____。

(4) A: 你买《人民日报》还是《北京晚报》？
　　B: _____。

(5) A: 你去图书馆还是回家？
　　B: _____。

◆ 2. 下面的词语，哪些是吃的东西，哪些是喝的东西，哪些不能吃也不能喝：(Unter den folgenden Sachen, was ist zum Essen? Was ist zum Trinken? Was ist weder zum Essen noch zum Trinken?)

雪碧　　烧卖　　冰激凌　　咖啡　　橡皮　　矿泉水
小说　　茶几　　餐巾纸　　包子　　草莓　　葡萄酒
沙发　　冰箱　　西瓜　　　可乐　　馄饨　　茉莉花茶

吃的东西：＿＿＿　＿＿＿　＿＿＿　＿＿＿　＿＿＿　＿＿＿
喝的东西：＿＿＿　＿＿＿　＿＿＿　＿＿＿　＿＿＿　＿＿＿
不能吃也不能喝：＿＿＿　＿＿＿　＿＿＿　＿＿＿　＿＿＿　＿＿＿

◆ 活学活用　*Lernen und Gebrauch*

◇ 回答问题：(Beantworten Sie folgenden Fragen!)
　1. 你喜欢喝酒吗？喝什么酒？
　2. 你每天 (měitiān；jeden Tag) 喝茶吗？喜欢喝什么茶？

翻 译 练 习　*Übersetzen*

翻译下面的名词：(Übersetzen Sie die folgenden Nomina ins Chinesische!)

ein Philippiner	Geldtasche	Sportschuhe	Tonband
Radiergummi	Teetischchen	Waschmaschine	Polizist
Nudeln	Fuji Film	Telefonkarte	Zoo
Bibliothek	Computer	Fastfood	Kollege
Traube	Badewanne	Novelle	Mantel

汉字书写　Schreiben Sie auf Chinesisch

已	ㄱ	ㄱ	已	

为	`	ㄆ	为	为	

花	一	十	艹	艹	艿	花

纸	ㄥ	幺	纟	红	红	纸	纸

语音练习　Aussprache

◇ 读下面的绕口令：(Lesen Sie den Zungenbrecher!)

Māma qí mǎ, mǎ màn, māma mà mǎ; niūniu qiān niú, niú nìng, niūniu níng niú.
妈妈 骑 马，马 慢，妈妈 骂 马；妞妞 牵 牛，牛 拧，妞妞 拧 牛。

Dì-shíliù kè Zhè shì zuì féi de
第十六课 这是最肥的

课文 Text

Shòuhuòyuán:	Nín yào shénme xié?
售货员：	您要什么鞋？
Lù Dàwèi:	Wǒ xiǎng mǎi yì shuāng bùxié.
陆大卫：	我想买一双布鞋。
Shòuhuòyuán:	Nín chuān duō dà hào de?
售货员：	您穿多大号的？
Lù Dàwèi:	Wǒ chuān èrshíqī hào de.
陆大卫：	我穿27号的。
Shòuhuòyuán:	Nín kàn zhè shuāng zěnmeyàng?
售货员：	您看这双怎么样？
Lù Dàwèi:	Zhè shuāng yǒudiǎnr shòu, yǒu féi yìdiǎnr de ma?
陆大卫：	这双有点儿瘦，有肥一点儿的吗？
Shòuhuòyuán:	Duìbuqǐ, zhè shì zuì féi de.
售货员：	对不起,这是最肥的。

Lektion 16   Das sind die weitesten.

Verkäuferin:	Was für Schuhe möchten Sie?
Lu Dawei:	Ich möchte ein Paar Stoffschuhe.
Verkäuferin:	Welche Größe haben Sie?
Lu Dawei:	Ich habe die Größe 27.
Verkäuferin:	Wie gefallen Ihnen diese hier?
Lu Dawei:	Diese sind ein bisschen eng, haben Sie etwas weitere?
Verkäuferin:	Tut mir leid, das sind die weitesten.

生词 Neue Vokabeln

1.	最	zuì	副 (Adv.)	höchste, äusserst; am meisten
2.	肥	féi	形 (Adj.)	weit, groß
3.	鞋	xié	名 (N.)	Schuh
4.	双	shuāng	量 (ZEW)	Paar
5.	布鞋	bùxié	名 (N.)	Stoffschuh
6.	穿	chuān	动 (V.)	tragen, anhaben; anziehen
7.	多	duō	副 (Adv.)	wie
8.	大	dà	形 (Adj.)	groß
9.	号	hào	量 (ZEW)	Nummer
10.	看	kàn	动 (V.)	denken, der Meinung sein
11.	有点儿	yǒudiǎnr		ein bisschen

句型 Satzmodelle

16.1 我想买……。

- yí jiàn dàyī 一件 大衣 
- yì tiáo kùzi 一条 裤子 
- yì dǐng màozi 一顶 帽子 
- yí fù shǒutào 一副 手套

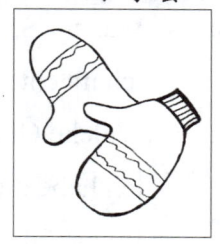

16.2 我穿……的。

- èrshíliù hào bàn 26 号半 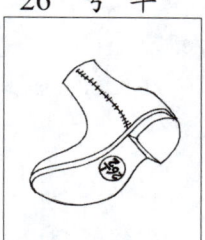
- dà hào 大号 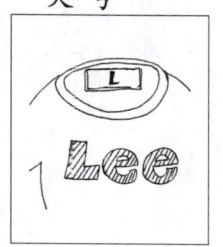
- zhōng hào 中号 
- xiǎo hào 小号

16.3 有点儿……

cháng	duǎn	jǐnzhāng	bùhǎoyìsi
长	短	紧张	不好意思

dà / xiǎo / guì / lèi / qí guài / zháo jí
müde *komisch* *eilig*
大 / 小 / 贵 / 累 / 奇怪 / 着急

生词 *Neue Vokabeln*

1.	裤子	kùzi	名 (N.)	Hose
2.	顶	dǐng	量 (ZEW)	für Kopfbedeckung
3.	副	fù	量 (ZEW)	für Sets, Paare
4.	手套	shǒutào	名 (N.)	Handschuh
5.	大号	dà hào		grosse Größe
6.	中号	zhōng hào		mittlere Größe
7.	小号	xiǎo hào		kleine Größe
8.	长	cháng	形 (Adj.)	lang
9.	短	duǎn	形 (Adj.)	kurz
10.	紧张	jǐnzhāng	形 (Adj.)	nervös, gespannt
11.	不好意思	bùhǎoyìsi		verschämt; verlegen; Das ist aber wirklich nicht nötig!; j-m ist es peinlich

练习 Übungen

听读听写 Hören, nachsprechen und ein Diktat

1. 用慢速和中速跟读课文录音。(Hören Sie den Text und sprechen Sie nach, zuerst langsam, und dann in mittlerm Tempo!)

2. 听录音，写句子。(Hören Sie den Text und schreiben Sie auf, was Sie gehört haben!)

词汇语法 Vokabeln und Grammatik

按要求画图：(Zeichnen Sie nach der Beschreibung!)

穿长大衣的姐姐	穿西服的爸爸	戴(dài; anhaben, tragen, aufhaben)帽子的弟弟

活学活用 Lernen und Gebrauch

1. 回答问题：(Beantworten Sie folgenden Fragen!)

  (1) 你平时(píngshí; gewöhnlich, sonst)穿什么鞋？

  (2) 你穿多大的鞋？

  (3) 你喜欢穿肥一点的衣服还是瘦一点的衣服？

2. 模仿课文分组表演"买鞋"：(Spielen Sie „Schuhe kaufen" in Ihrer Gruppe nach dem Beispiel des Textes!)

课堂游戏 *ein Spiel*

是什么动物（Was für ein Tier ist das）？

老师在黑板上写出 10—20 个动物的名字。学生 A 背对黑板,学生 B 到黑板前指一个动物的名字。学生 A 开始问问题,如:是大的吗？是有毛的吗？直到猜出 B 所指的动物的名字。其他学生只能回答"是"或"不是"。老师可以先教学生一些动物名称和有关动物的词汇。

Der Lehrer schreibt 10-20 Tiernamen an die Tafel. Student A dreht der Tafel den Rücken zu, Student B sucht sich einen Tiernamen aus. Student A stellt solange Fragen, wie z.B. „Ist es gross?" oder Ist es behaart? bis er den Tiernamen erraten hat. Die anderen Studenten können die Fragen nur mi „ja" oder „nein" beantworten. Der Lehrer könnte den Studenten angangs ein paar Tiernamen oder Vokabeln über Tiere anbieten.

翻 译 练 习 *Übersetzen*

翻译下面的句子:（Übersetzen Sie die folgenden Sätze ins Chinesische！）

1. Was für Hosen möchten Sie?
2. Ich habe eine Nummer grösser.
3. Ich bin ein bisschen nervös.

◆ 汉字书写　*Schreiben Sie auf Chinesisch*

布	一	ナ	才	右	布		

号	丨	冂	口	旦	号		

肥	丿	刀	月	月	肥	肥	肥

穿	丶	丷	宀	宀	穴	空	空	穿	穿

◆ 语音练习　*Aussprache*

◇ 读下面的句子，注意声调的区别： (Lesen Sie die folgenden Sätze und achten Sie auf den Tonunterschied!)

   Nín yào tāng ma?
1. 您 要 汤 吗？　(Möchten Sie eine Suppe?)

   Nín yào táng ma?
2. 您 要 糖 吗？　(Möchten Sie Zucker?)

第十七课 祝你生日快乐
Dì-shíqī kè Zhù nǐ shēngrì kuàilè

课文 Text

Fāng Mèngdān: Xiànzài jǐdiǎn?
方梦丹：现在几点？

Piáo Yīngyù: Bā diǎn wǔ fēn.
朴英玉：八点五分。

Fāng Mèngdān: Zāogāo! Shàngkè yòu chídào le.
方梦丹：糟糕！上课又迟到了。

Piáo Yīngyù: Nǐ hútu la? Jīntiān shì xīngqīrì.
朴英玉：你糊涂啦？今天是星期日。

Fāng Mèngdān: Jīntiān jǐ hào?
方梦丹：今天几号？

Piáo Yīngyù: Jīntiān shì jiǔ yuè èrshíbā hào.
朴英玉：今天是9月28号。

Fāng Mèngdān: Ò! Jīntiān shì wǒ de shēngrì.
方梦丹：哦！今天是我的生日。

Piáo Yīngyù: Shì ma? Zhù nǐ shēngrì kuàilè!
朴英玉：是吗？祝你生日快乐！

Lektion 17 Herzlichen Glückwunsch zum Geburtstag!

Fang Mengdan: Wieviel Uhr ist es jetzt?

Piao Yingyu: Es ist fünf nach acht.

Fang Mengdan: Verflixt! Ich bin wieder zu spät zum Unterricht.

Piao Yingyu: Bist du verwirrt? Heute ist Sonntag.

Fang Mengdan: Der wievielte ist heute?

Piao Yingyu: Heute ist der 28. September.

Fang Mengdan: Oh! Heute ist mein Geburtstag.

Piao Yingyu: Wirklich? Herzlichen Glückwunsch zum Geburtstag!

生词 *Neue Vokabeln*

1.	祝	zhù	动 (V.)	j-m etw wünschen
2.	生日	shēngrì	名 (N.)	Geburtstag
3.	快乐	kuàilè	形 (Adj.)	glücklich, froh, vergnügt
4.	点	diǎn	量 (ZEW)	Uhr
5.	分	fēn	量 (ZEW)	Minute
6.	糟糕	zāogāo	形 (Adj.)	mies, miserabel, übel; verflixt!
7.	上课	shàngkè		zum Unterricht gehen
8.	又	yòu	副 (Adv.)	wieder
9.	迟到	chídào		zu spät kommen, sich verspäten
10.	糊涂	hútu	形 (Adj.)	verwirrt, durcheinander
11.	今天	jīntiān	名 (N.)	heute
12.	星期日	xīngqīrì	名 (N.)	Sonntag
13.	号	hào	名 (N.)	Datum (Tag)
14.	月	yuè	名 (N.)	Monat

句型 *Satzmodelle*

17.1 现在……。

shí'èr diǎn shí fēn
十二点十分

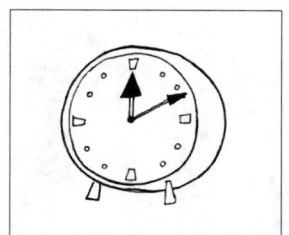

liù diǎn yí kè
六点一刻

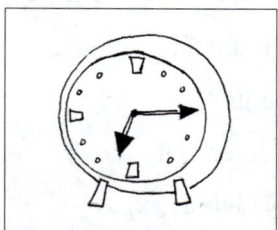

liǎng diǎn bàn
两点半

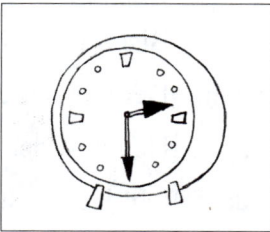

jiǔ diǎn zhěng genau
九点整

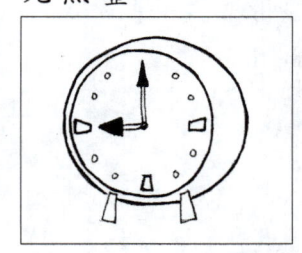

chà wǔ fēn sì diǎn
差五分四点

qī diǎn sān kè
七点三刻

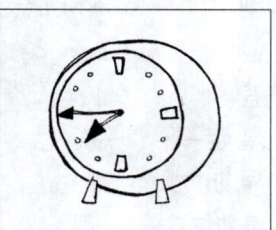

17.2 今天(是)……。

yī yuè yī hào、xīngqī yī
一月一号、星期一

sān yuè bā hào、xīngqī'èr   Int. Frauentag
三月八号、星期二

wǔ yuè sì hào、xīngqī sān   Jugendtag
五月四号、星期三

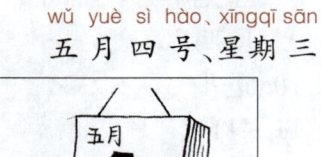

èr yuè èrshíjiǔ hào、xīngqī sì
二月二十九号、星期四

bā yuè shíwǔ hào、xīngqī wǔ
八月十五号、星期五

shí'èr yuè sānshíyī hào、xīngqī liù
十二月三十一号、星期六

17.3 祝你……！

xuéxí jìnbù
学习进步

shēntǐ jiànkāng
身体健康

gōngzuò shùnlì
工作顺利

xīnnián kuàilè
新年快乐

生词 *Neue Vokabeln*

1.	刻	kè	量（ZEW）	Viertelstunde
2.	整	zhěng	形（Adj.）	genau, pünktlich
3.	差	chà	动（V.）	es fehlt...
4.	星期一	xīngqīyī	名（N.）	Montag
5.	星期二	xīngqī'èr	名（N.）	Dienstag
6.	星期三	xīngqīsān	名（N.）	Mittwoch
7.	星期四	xīngqīsì	名（N.）	Donnerstag
8.	星期五	xīngqīwǔ	名（N.）	Freitag
9.	星期六	xīngqīliù	名（N.）	Samstag, Sonnabend
10.	进步	jìnbù	动（V.）	Fortschritte machen
11.	身体	shēntǐ	名（N.）	Gesundheit; Körper
12.	健康	jiànkāng	形（Adj.）	gesund
13.	工作	gōngzuò	名（N.）	Arbeit
14.	顺利	shùnlì	形（Adj.）	reibungslos, glatt
15.	新年	xīnnián	名（N.）	Neujahr

练习 Übungen

听读听写 *Hören, nachsprechen und ein Diktat*

◇1. 用慢速和中速跟读课文录音。(Hören Sie den Text und sprechen Sie nach, zuerst langsam, und dann in mittlerm Tempo！)

◇2. 听录音，写句子。(Hören Sie den Text und schreiben Sie auf, was Sie gehört haben！)

词汇语法 *Vokabeln und Grammatik*

◇填上时间完成"今天的计划"：(Vervollständigen Sie „den Plan für heute" durch Zeitangaben！)

1. _____ 上课

2. _____ 去图书馆
3. _____ 汉语辅导
4. _____ 去商店买东西
5. _____ 教英语

活学活用 *Lernen und Gebrauch*

◆ 1. 回答问题：(Beantworten Sie folgenden Fragen!)
　　(1) 你的生日是几月几号星期几？
　　(2) 你的汉语班几点上课？几点下课？
　　(3) 你星期几有口语课？

◆ 2. 说说你这个星期的安排(ān pái；Plan, Vorhaben)：(Erzählen Sie Ihren Plan für diese Woche!)

翻 译 练 习 *Übersetzen*

翻译下面的短文：(Übersetzen Sie die folgenden Abschnitt ins Chinesische!)

　　Fang Mengdan ist ein Mädchen aus Spanien. Sie wohnt im Wohnheim für ausländische Studenten. Sie ißt gerne Pekingente. Jeden Samstag geht sie zu einem chinesischen Restaurant. Sie studiert sehr fleißig, daher ist ihr gesprochenes Chinesisch sehr gut. Sie kann auch die „Volkszeitung" lesen.

◆ 汉字书写　*Schreiben Sie auf Chinesisch*

| 步 | 丨 | 卜 | 止 | 止 | 屮 | 歨 | 步 |

| 迟 | ⁊ | ⁊ | 尸 | 尺 | 𠂂 | 识 | 迟 |

| 到 | 一 | 厶 | 云 | 云 | 至 | 至 | 到 | 到 |

| 课 | 丶 | 讠 | 讠 | 讠 | 讠 | 诃 | 评 | 课 | 课 |

◆ 语音练习　*Aussprache*

◇ 读下面的句子，注意声调的区别：（Lesen Sie die folgenden Sätze und achten Sie auf den Tonunterschied!）

　　Nǐ xiǎng mǎi zhè běn shū ma?
1. 你 想 买 这 本 书 吗？ (Möchtest du das Buch kaufen?)

　　Nǐ xiǎng mài zhè běn shū ma?
2. 你 想 卖 这 本 书 吗？ (Möchtest du das Buch verkaufen?)

Dì - shíbā kè　　Nǐmen bù xiǎng lái chángchang ma?
第十八课　你们不想来尝尝吗？

课文 Text

Fāng Mèngdān: Wǒ měitiān zǎoshang qī diǎn bàn qǐ chuáng, bā diǎn qù shàng kè,
方梦丹：我每天早上七点半起床，八点去上课，
shàngwǔ yǒu sì jié kè. Shí'èr diǎn xià kè. Xiàwǔ wǒ cháng
上午有四节课。十二点下课。下午我常
cháng qù guàng shāngdiàn huòzhě gēn péngyou yìqǐ dǎ wǎngqiú.
常去逛商店或者跟朋友一起打网球。
Wǎnshang, wǒ zìjǐ zuò fàn. Dàjiā dōu shuō wǒ zuò de fàn
晚上，我自己做饭。大家都说我做的饭
hǎochī, nǐmen bù xiǎng lái chángchang ma?
好吃，你们不想来尝尝吗？

Lektion 18　Wollt ihr nicht (mal) probieren?

Fang Mengdan: Ich stehe jeden Morgen um halb 8 auf und gehe um 8 Uhr zum Unterricht. Ich habe vormittags 4 Stunden Unterricht. Um 12 Uhr ist der Unterricht aus. Nachmittags mache ich oft einen Einkaufsbummel oder spiele mit Freunden Tennis. Abends koche ich selber. Alle sagen daß ich gut kochen kann, wollt ihr nicht mal probieren?

生词 Neue Vokabeln

1.	尝	cháng	动 (V.)	probieren, kosten
2.	每天	měi tiān		jeden Tag, täglich
3.	早上	zǎoshang	名 (N.)	Morgen

4. 起床	qǐ chuáng		(vom Bett) aufstehen
5. 上午	shàngwǔ	名 (N.)	Vormittag
6. 节	jié	量 (ZEW)	Unterrichtsstunde
7. 课	kè	名 (N.)	Unterricht
8. 下午	xiàwǔ	名 (N.)	Nachmittag
9. 常常	chángcháng	副 (Adv.)	oft, häufig
10. 逛	guàng	动 (V.)	bummeln
11. 或者	huòzhě	连 (Konj.)	oder
12. 跟……一起	gēn......yìqǐ		mit... zusammen
13. 打	dǎ	动 (V.)	etw spielen (Ballspiel)
14. 网球	wǎngqiú	名 (N.)	Tennis
15. 自己	zìjǐ	代 (Pron.)	selbst, selber
16. 做	zuò	动 (V.)	tun, machen
17. 饭	fàn	名 (N.)	Essen, Mahlzeit
18. 大家	dàjiā	代 (Pron.)	alle
19. 好吃	hǎochī	形 (Adj.)	lecker, köstlich, wohlschmeckend

句型 *Satzmodelle*

18.1 我每天……。

( ) 点 起床　　( ) 点 吃 午饭　　( ) 点 写 作业　　( ) 点 睡觉

diǎn qǐ chuáng　　diǎn chī wǔfàn　　diǎn xiě zuòyè　　diǎn shuìjiào

● **18.2 我常常去……。**

yóu yǒng	dǎ bǎolíngqiú	xué tàijíquán	tī zúqiú
游泳	打保龄球	学太极拳	踢足球

● **18.3 跟……一起……**

gēn māma yìqǐ mǎi dōngxi
跟妈妈一起买东西

gēn tóngxué yìqǐ kàn diànyǐng
跟同学一起看电影

gēn nǚpéngyou yìqǐ guàng gōngyuán
跟女朋友一起逛公园

gēn línjū yìqǐ dǎ májiàng
跟邻居一起打麻将

生词 *Neue Vokabeln*

1.	午饭	wǔfàn	名 (N.)	Mittagessen
2.	写	xiě	动 (V.)	schreiben
3.	作业	zuòyè	名 (N.)	Hausaufgaben
4.	睡觉	shuìjiào		schlafen, ins Bett gehen

5. 游泳	yóuyǒng		schwimmen
6. 保龄球	bǎolíngqiú	名 (N.)	Bowling
7. 学	xué	动 (N.)	lernen, studieren
8. 太极拳	tàijíquán	名 (N.)	Taiji
9. 踢	tī	动 (V.)	kicken, (Fußball) spielen
10. 足球	zúqiú	名 (N.)	Fußball
11. 东西	dōngxi	名 (N.)	Ding, Sache
12. 电影	diànyǐng	名 (N.)	Film
13. 女朋友	nǚpéngyou		Freundin
14. 邻居	línjū	名 (N.)	Nachbar(in)
15. 麻将	májiàng	名 (N.)	Mahjong

练习 Übungen

听读听写 Hören, nachsprechen und ein Diktat

◇ 1. 用慢速和中速跟读课文录音。(Hören Sie den Text und sprechen Sie nach, zuerst langsam, und dann in mittlerm Tempo!)

◇ 2. 听录音，写句子。(Hören Sie den Text und schreiben Sie auf, was Sie gehört haben!)

词汇语法 Vokabeln und Grammatik

◇ 用"动词+宾语"填写：一周计划 (Stellen Sie einen Wochenplan auf mit „Verb+Objekt", Struktur!)

	星期日	星期一	星期二	星期三	星期四	星期五	星期六
早上							
下午							
晚上							

◆ 活学活用　*Lernen und Gebrauch*

◇ 写短文：我的一天（Kleiner Aufsatz: Mein Tag!）

◆ 翻 译 练 习　*Übersetzen*

翻译下面的句子：(Übersetzen Sie die folgenden Sätze ins Chinesische!)

1. Ich gehe jeden Tag um Mitternacht ins Bett.
2. Am Sonntag gehe ich oft mit meinen Freunden schwimmen.
3. Willst du mit uns Mahjong spielen oder mit deiner Freundin ins Kino gehen?

◆ 汉字书写　*Schreiben Sie auf Chinesisch*

| 女 | く | 夂 | 女 |

| 节 | 一 | 十 | 艹 | 艿 | 节 |

| 网 | 丨 | 冂 | 冈 | 冈 | 网 | 网 |

| 或 | 一 | 厂 | 戸 | 戸 | 戸 | 或 | 或 | 或 |

◆ 语音练习　*Aussprache*

◇ 读下面的句子，注意声调的区别：（Lesen Sie die folgenden Sätze und achten Sie auf den Tonunterschied!）

　　Wǒ xiànzài xuéxí Hànyǔ.
1. 我 现在 学习 汉语。　(Ich lerne jetzt Chinesisch.)

　　Wǒ xiànzài xuéxí Hányǔ.
2. 我 现在 学习 韩语。　(Ich lerne jetzt Koreanisch.)

Dì-shíjiǔ kè Wǒ zuì tǎoyàn kǎoshì
第十九课 我最讨厌考试

课文 Text

Xiǎo Míng: Māma, kuài dǎkāi diànshì, wǒ yào kàn míngtiān de tiānqì yùbào.
小明: 妈妈,快打开电视,我要看明天的天气预报。

Māma: Míngtiān shì qíngtiān.
妈妈: 明天(是)晴天。

Xiǎo Míng: Tài hǎo le! Míngtiān wǒ hé tóngxué qù pá shān.
小明: 太好了!明天我和同学去爬山。

Māma: Nǐ hòutiān yǒu shùxué hé lìshǐ kǎoshì.
妈妈: 你后天有数学和历史考试。

Xiǎo Míng: Yòu shì kǎoshì! Wǒ zuì tǎoyàn kǎoshì!
小明: 又是考试!我最讨厌考试!

Lektion 19   Am meisten hasse ich Prüfungen!

Xiao Ming: Mama, schnell, -! Mach den Fernseher an. -! Ich möchte den Wetterbericht für morgen ansehen.

Mutter: Morgen ist ein Sonniger Tag.

Xiao Ming: Wunderbar! Morgen werde ich mit meinen Kommilitonen wandern gehen.

Mutter: Übermorgen hast du Prüfungen in Mathe und Geschichte.

Xiao Ming: Wieder Prüfungen! Am meisten hasse ich Prüfungen !

生词 Neue Vokabeln

1.	打开	dǎkāi		anmachen, einschalten
2.	要	yào	助动 (Hilfsv.)	möchten, wollen
3.	天气	tiānqì	名 (N.)	Wetter
4.	预报	yùbào	名 (N.)	Vorhersage
5.	晴天	qíngtiān	名 (N.)	Sonnentag, sonnig
6.	和	hé	连、介 (Konj./Präp.)	und; mit

7. 爬	pá	动 (V.)	steigen, klettern
8. 山	shān	名 (N.)	Berg
9. 后天	hòutiān	名 (N.)	übermorgen
10. 数学	shùxué	名 (N.)	Mathematik
11. 历史	lìshǐ	名 (N.)	Geschichte

句型 Satzmodelle

19.1 明天……。

(shì) yīntiān
(是) 阴天

yǒu yǔ
有 雨

xià xiǎoxuě
下 小雪

guā dà fēng
刮 大风

19.2 我要……。

chuī dízi
吹 笛子

tán gāngqín
弹 钢琴

lā xiǎotíqín
拉 小提琴

chàng jīngjù
唱 京剧

19.3 我最讨厌……。 wǒ zuì tǎo yàn ⇒ ich hasse am meisten

xià yǔ
下 雨

jǐ gōnggòngqìchē
挤 公共汽车

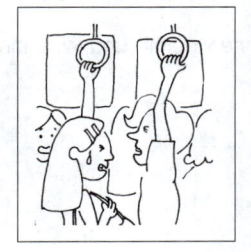

guàng shāngdiàn
逛 商店

xīngqīyī
星期一

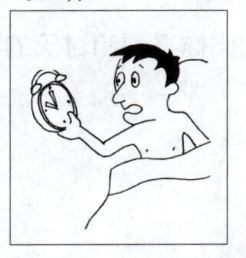

生词 *Neue Vokabeln*

1.	阴天	yīntiān	名 (N.)	bedeckter Himmel
2.	雪	xuě	名 (N.)	Schnee
3.	刮	guā	动 (V.)	wehen, blasen
4.	风	fēng	名 (N.)	Wind
5.	吹	chuī	动 (V.)	*mus.* blasen, spielen
6.	笛子	dízi	名 (N.)	Flöte
7.	弹	tán	动 (V.)	*mus.* spielen, anschlagen, zupfen
8.	钢琴	gāngqín	名 (N.)	Klavier
9.	拉	lā	动 (V.)	*mus.* (Boginstrumente) spielen
10.	小提琴	xiǎotíqín	名 (N.)	Geige
11.	唱	chàng	动 (V.)	singen
12.	京剧	jīngjù	名 (N.)	Pekingoper
13.	挤	jǐ	动 (V.)	drängeln, drängen

练习 Übungen

◆ **听读听写** *Hören, nachsprechen und ein Diktat*

◇ 1. 用慢速和中速跟读课文录音。(Hören Sie den Text und sprechen Sie nach, zuerst langsam, und dann in mittlerm Tempo!)

◇ 2. 听录音，写句子。(Hören Sie den Text und schreiben Sie auf, was Sie gehört haben!)

◆ **词汇语法** *Vokabeln und Grammatik*

◇ 列出你喜欢和讨厌的事：(Listen Sie auf, was Ihnen gefällt und was Ihnen missfällt!)

我喜欢 ____ ____ ____ ____ ____

我讨厌 ____ ____ ____ ____ ____

◆ 活学活用　　*Lernen und Gebrauch*

◇ 1. 回答问题：(Beantworten Sie folgenden Fragen！)
　　（1）今天天气怎么样？
　　（2）你每天看天气预报吗？明天天气怎么样？
　　（3）你喜欢什么乐器(yuèqì: Musikinstrument)？

◇ 2. 听广播或看电视，模仿播报当天的天气预报：(Hören Sie Radio oder sehen Sie fern, und ahmen Sie nach, das heutige Wetter zu präsentieren！)

◆ 翻译练习　*Übersetzen*

翻译下面的句子：(Übersetzen Sie die folgenden Sätze ins Chinesische！)
1. Übermorgen wird es windig sein. Wir können nicht wandern gehen.
2. Chinesische Geschichte ist zu schwierig. Es gibt so viele Sachen zu studieren.
3. Am meisten hasse ich regnerischen Tag．

◆ 汉字书写　*Schreiben Sie auf Chinesisch*

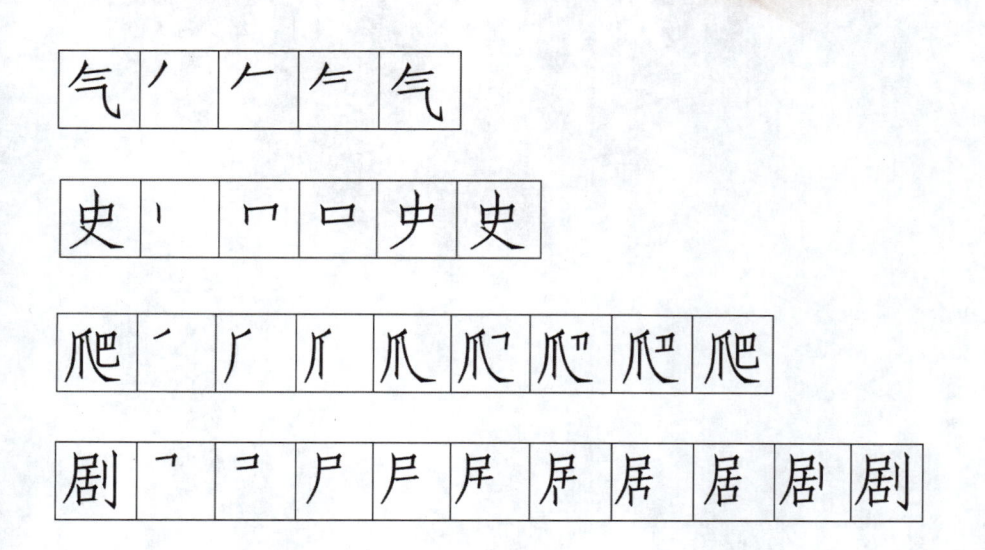

| 气 | ノ | ㇀ | 듳 | 气 |

| 史 | ノ | 口 | 口 | 史 | 史 |

| 爬 | ノ | 厂 | 爪 | 爪 | 爬 | 爬 | 爬 |

| 剧 | ㇇ | ㇇ | 尸 | 尸 | 居 | 居 | 居 | 居 | 剧 |

◆ 语音练习　*Aussprache*

◇ 读下面的句子，注意声调的区别：（Lesen Sie die folgenden Sätze und achten Sie auf den Tonunterschied!）

    Wǒ xiǎng wèn nǐ.
1. 我 想 问 你。　(Ich möchte dich fragen.)

    Wǒ xiǎng wěn nǐ.
2. 我 想 吻 你。　(Ich möchte dich küssen.)

Dì - èrshí kè   Zhè hái jìn na?
第二十课　这还近哪？

课文 *Text*

Luóxī:	Qǐngwèn, qù shūdiàn zěnme zǒu?
罗西：	请问，去书店怎么走？
Guòlùrén:	Wǎng qián zǒu, dào dìsān ge shízìlùkǒu wǎng yòu guǎi.
过路人：	往前走，到第三个十字路口往右拐。
Luóxī:	Yuǎn ma?
罗西：	远吗？
Guòlùrén:	Hěn jìn, dàgài zǒu èrshí fēnzhōng.
过路人：	很近，大概走20分钟。
Luóxī:	Èrshí fēnzhōng? Zhè hái jìn na?
罗西：	20分钟？这还近哪？

Lektion 20   Das nennen Sie nah?

Luo Xi: Könnten Sie mir bitter sagen, wie ich zur Buchhandlung komme?

Passant: Gehen Sie geradeaus, an der dritten Kreuzung biegen Sie nach rechts ab.

Luo Xi: Ist es weit?

Passant: Es ist nah, ungefähr 20 Minuten zu Fuß.

Luo Xi: 20 Minuten?! Das nennen Sie nah?

生词 *Neue Vokabeln*

1.	还	hái	副（Adv.）	benutzt für Betonung
2.	近	jìn	形（Adj.）	nahe
3.	书店	shūdiàn	名（N.）	Buchhandlung
4.	过路人	guòlùrén	名（N.）	Passant(in)
5.	往	wǎng	介（Präp.）	nach, zu
6.	前	qián	名（N.）	vorn
7.	走	zǒu	动（V.）	gehen
8.	到	dào	动（V.）	ankommen, bis...

9. 第三	dì sān	数 (Num.)	dritte (-r, -s)
10. 十字路口	shízìlùkǒu		Kreuzung
11. 右	yòu	名 (N.)	rechts
12. 拐	guǎi	动 (V.)	abbiegen
13. 远	yuǎn	形 (Adj.)	weit
14. 大概	dàgài	副 (Adv.)	ungefähr, ca.
15. 分钟	fēnzhōng	名 (N.)	Minute

句型 *Satzmodelle*

20.1 去……怎么走？

Gùgōng
故宫

huǒchēzhàn
火车站

fēijīchǎng
飞机场

Tiān'ānmén
天安门

yóujú　　túshūguǎn　　yínháng　　Běijīng Dàxué
邮局　/　图书馆　/　银行　/　北京大学

20.2 往……走

dōng
东

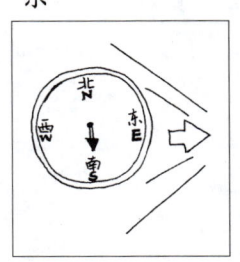

nán
南

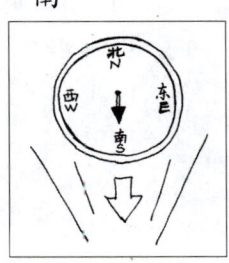

lǐ
里

wài
外

20.3 往……拐

zuǒ	běi	xī	lǐbian
左 	北 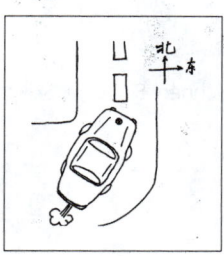	西 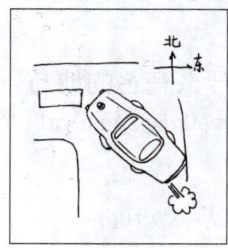	里边 

生词 *Neue Vokabeln*

1. 故宫	Gùgōng		Kaiserpalast
2. 火车站	huǒchēzhàn		Bahnhof
3. 飞机场	fēijīchǎng		Flughafen
4. 天安门	Tiān'ānmén		Tian'anmen, das Tor des Himmlischen Friedens
5. 东	dōng	名 (N.)	Osten
6. 南	nán	名 (N.)	Süden
7. 外	wài	名 (N.)	außen
8. 左	zuǒ	名 (N.)	links
9. 北	běi	名 (N.)	Norden
10. 西	xī	名 (N.)	Westen
11. 里边	lǐbian	名 (N.)	innen

练习 Übungen

◆ 听读听写 *Hören, nachsprechen und ein Diktat*

◇ 1. 用慢速和中速跟读课文录音。(Hören Sie den Text und sprechen Sie nach, zuerst langsam, und dann in mittlerm Tempo!)

◇2. 听录音,写句子。(Hören Sie den Text und schreiben Sie auf, was Sie gehört haben!)

词汇语法　Vokabeln und Grammatik

◇画图介绍你住的城市有什么有名的地方: (Zeichnen Sie eine Skizze von Ihrem Wohnort auf und stellen Sie dessen Sehenswürdigkeiten vor!)

活学活用　Lernen und Gebrauch

◇回答问题: (Beantworten Sie folgenden Fragen!)
　1. 你的宿舍附近(fùjìn; Nähe)有邮局和银行吗？怎么走？
　2. 你常常去书店吗？你喜欢买什么书？

课堂游戏　ein Spiel

听话传话(Geben Sie das Gehörte weiter)

　　学生 A 对学生 B 悄悄说一句话，学生 B 将听到的话传给 C，C 传给 D，依次类推。老师在最后可以比较起始句和最后句子的区别，分析在哪个环节出了错，让学生注意信息在传递中的丢失。

　　Student A flüstert Student B einen Satz ins Ohr, Student B gibt das Gehörte an Student C weiter, Student C gibt es dann an Student D weiter, usw. Der Lehrer könnte den ersten Satz und den letzten Satz vergleichen und analysieren, wo die Fehler aufgetreten sind und die Studenten auf das Verlieren der Informationen durch das Weitergeben aufmerksam machen.

翻译练习　Übersetzen

翻译下面的形容词: (Übersetzen Sie die folgenden Adjektive Sätze ins Chinesische!)

　merkwürdig　　　gesund　　　reibungslos　　　schwer

dringend   teuer   wohlschmeckend   dünn
hübsch   erbärmlich bitter   humorvoll
dick   ärgerlich   nervös   verwirrt

◆ 汉字书写 *Schreiben Sie auf Chinesisch*

| 近 | ′ | 厂 | 斤 | 斤 | 沂 | 沂 | 近 | 近 |

| 走 | 一 | 十 | 土 | 卡 | 卡 | 走 | 走 |

| 店 | 、 | 亠 | 广 | 广 | 庐 | 庐 | 店 | 店 |

| 高 | 、 | 亠 | 广 | 宀 | 古 | 户 | 高 | 高 | 高 | 高 |

◆ 语音练习 *Aussprache*

◇ 读下面的游戏歌"找朋友"：(Lesen Sie das folgende Kinderlied „Suche nach einem Freund"！)

Zhǎo wa zhǎo wa zhǎo péngyou,
找 哇 找 哇 找 朋友， (Suche, suche, suche einen Freund,)

zhǎo dào yí ge hǎo péngyou.
找 到 一 个 好 朋友。 (habe einen guten Freund gefunden.)

Jìng ge lǐ, wòwo shǒu,
敬 个 礼，握握 手， (Herzliche Grüsse, gib mir die Hand,)

nǐ shì wǒ de hǎo péngyou.
你 是 我 的 好 朋友。 (du bist mein guter Freund.)

Zàijiàn!
再见！ (Wiedersehen!)

第二十一课 还是骑车去好
Dì-èrshíyī kè　Háishì qí chē qù hǎo

课文 Text

安娜：你怎么去颐和园？
Ānnà: Nǐ zěnme qù Yíhéyuán?

李小龙：我骑自行车去。
Lǐ Xiǎolóng: Wǒ qí zìxíngchē qù.

安娜：你家离颐和园远吗？
Ānnà: Nǐ jiā lí Yíhéyuán yuǎn ma?

李小龙：骑车大概四十分钟。
Lǐ Xiǎolóng: Qí chē dàgài sìshí fēnzhōng.

安娜：要是坐车呢？
Ānnà: Yàoshì zuò chē ne?

李小龙：至少一个小时。那条路经常堵车。
Lǐ Xiǎolóng: Zhìshǎo yí ge xiǎoshí. Nà tiáo lù jīngcháng dǔ chē.

安娜：那还是骑车去好。
Ānnà: Nà háishi qí chē qù hǎo.

Lektion 21　Es ist besser, mit dem Fahrrad hinzufahren.

Anna: Wie gehst du zum Sommerpalast?

Li Xiaolong: Ich fahre mit meinem Fahrrad dorthin.

Anna: Ist deine Wohnung weit vom Sommerpalast entfernt?

Li Xiaolong: Ungefähr 40 Minuten mit dem Fahrrad.

Anna: Wie lange dauert es mit dem Bus?

Li Xiaolong: Mindestens 1 Stunde. Es herrscht immer starker Verkehr auf diesem Weg.

Anna: Dann ist es besser, mit dem Fahrrad hinzufahren.

生词 Neue Vokabeln

1. 还是……好　háishi......hǎo　　　　　　　　es wäre doch besser,...
2. 骑　qí　动 (V.)　　reiten; auf... rittlings sitzen; (Rad/Motorrad) fahren

3. 车	chē	名 (N.)	Fahrzeug
4. 颐和园	Yíhéyuán		Sommerpalast
5. 离	lí	介 (Präp.)	von... entfernt
6. 要是	yàoshì	连 (Konj.)	wenn, falls
7. 至少	zhìshǎo	副 (Adv.)	wenigstens, mindestens, zumindest, immerhin,
8. 小时	xiǎoshí	名 (N.)	Stunde
9. 路	lù	名 (N.)	Weg
10. 经常	jīngcháng	副 (Adv.)	oft, häufig
11. 堵车	dǔ chē		Verkehrsstau

句型 *Satzmodelle*

21.1 你怎么去……？

Chángchéng
长城

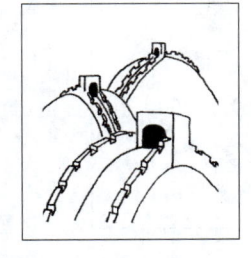

Shísānlíng
十三陵

dòngwùyuán
动物园

Yuánmíngyuán
圆明园

21.2 我……去。

zuò gōnggòngqìchē
坐 公共汽车

zìjǐ kāi chē
自己 开 车

dǎ chē
打 车

qí mótuōchē
骑 摩托车

21.3 你家离……远吗？

yóulèchǎng	dìtiězhàn	xuéxiào	yòu'éryuán
游乐场	地铁站	学校	幼儿园

gōngsī / wǒ jiā / zhèr
公司 / 我家 / 这儿

21.4 至少……

èrshí fēnzhōng	bāshí gōngjīn	liǎngqiān kuài	sìshí gōnglǐ
二十分钟	八十公斤	两千块	四十公里

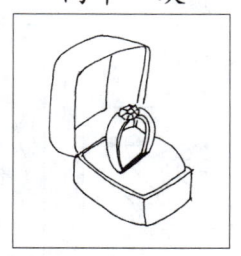

生词 *Neue Vokabeln*

1. 长城　　Chángchéng　　　　　　die Große Mauer
2. 十三陵　Shísānlíng　　　　　　die (dreizehn) Ming-Gräber
3. 动物园　dòngwùyuán　名 (N.)　Tiergarten, Zoo
4. 圆明园　Yuánmíngyuán　　　　Alter Sommerpalast
5. 开(车)　kāi(chē)　动 (V.)　(ein Fahrzeug) fahren, lenken, steuern
6. 打车　　dǎ chē　　　　　　　ein Taxi nehmen
7. 摩托车　mótuōchē　名 (N.)　Motorrad

110

8. 游乐场	yóulèchǎng	名（N.）	Vergnügungspark
9. 地铁站	dìtiězhàn		U-Bahn Station
10. 学校	xuéxiào	名（N.）	Schule
11. 幼儿园	yòu'éryuán	名（N.）	Kindergarten
12. 公斤	gōngjīn	量（ZEW）	Kilogramm
13. 公里	gōnglǐ	量（ZEW）	Kilometer

练 习 Übungen

听读听写 Hören, nachsprechen und ein Diktat

◆ 1. 用慢速和中速跟读课文录音。(Hören Sie den Text und sprechen Sie nach, zuerst langsam, und dann in mittlerm Tempo!)

◆ 2. 听录音，写句子。(Hören Sie den Text und schreiben Sie auf, was Sie gehört haben!)

词汇语法 Vokabeln und Grammatik

◆ 1. 填空完成下面的对话：(Ergänzen Sie den folgenden Dialog!)

甲：你家离_____远吗？

乙：_____大概_____分钟。

甲：你怎么去_____？

乙：我_____去。

甲：你为什么不_____去？

乙：_____。

◆ 2. 替换下面句子中画线部分的词语：(Ersetzen Sie die unterstrichenen Wörter!)

我家离<u>学校</u>很远，<u>坐车</u>至少<u>一个半小时</u>，<u>打车</u>至少<u>四十块钱</u>，还是坐<u>地铁</u>（dìtiě; U-Bahn）去好。

◆ 活学活用 *Lernen und Gebrauch*

◇ 回答问题:（Beantworten Sie folgenden Fragen！）

　　1. 你家离学校远吗？你怎么去学校？要多长时间？
　　2. 你常常坐公共汽车还是地铁？为什么？
　　3. 你有没有自行车？你常常骑车去哪儿？

◆ 翻译练习 *Übersetzen*

翻译下面的句子:（Übersetzen Sie die folgenden Sätze ins Chinesische！）

1. Wie kommst du jeden Tag zur Schule?
2. Ich fahre mit der U-Bahn oder mit dem Bus zur Schule.
3. Ist deine Firma weit von deiner Wohnung entfernt?

◆ 汉字书写 *Schreiben Sie auf Chinesisch*

车	一	亡	车	车

地	一	十	土	圠	圹	地

场	一	十	土	圴	场	场

离	丶	亠	亣	文	这	卤	卨	离	离	离

语音练习 *Aussprache*

◇ **读下面的句子，注意声调的区别：** (Lesen Sie die folgenden Sätze und achten Sie auf den Tonunterschied!)

    Wǒ qù jiāo shuǐ.
1. 我 去 浇 水。　(Ich gehe Blumen giessen.)

    Wǒ qù jiāo shuì.
2. 我 去 交 税。　(Ich gehe Steuer bezahlen.)

第二十二课 Dì-èrshíèr kè 不好吃也得吃啊 Bù hǎo chī yě děi chī a

课文 Text

Fāng Mèngdān: Nǐ měitiān wǎnshang zài nǎr chī fàn?
方梦丹：你每天晚上在哪儿吃饭？

Mǎ Āndí: Yībān shì zài lóu xià de shítáng.
马安迪：一般是在楼下的食堂。

Fāng Mèngdān: Shítáng de cài hǎochī ma?
方梦丹：食堂的菜好吃吗？

Mǎ Āndí: Bù hǎochī yě děi chī a.
马安迪：不好吃也得吃啊。

Fāng Mèngdān: Jīntiān wǎnshang yǒu kòngr ma? Nǐ dào wǒ zhèr lái ba, chángchang wǒ zuò de zhōngguó cài.
方梦丹：今天晚上有空儿吗？你到我这儿来吧，尝尝我做的中国菜。

Mǎ Āndí: Zhēnde? Wǒ yídìng qù.
马安迪：真的？我一定去。

Lektion 22   Obwohl es nicht schmeckt, mußt du's trotzdem essen.

Fang Mengdan: Wo isst du jeden Abend?

Ma Andi: Normalerweise unten in der Cafeteria.

Fang Mengdan: Schmeckt das Essen in der Cafeteria?

Ma Andi: Obwohl es nicht schmeckt, mußt du's trotzdem essen.

Fang Mengdan: Hast du heute abend Zeit?   Komm zu mir und koste mal chinesische Gerichte, die ich gekocht habe.

Ma Andi: Echt? Ich komme bestimmt.

生词 Neue Vokabeln

1.	得	děi	副 (Adv.)	müssen
2.	晚上	wǎnshang	名 (N.)	Abend
3.	一般	yībān	形 (Adj.)	gewöhnlich, normal, allgemein
4.	楼	lóu	名 (N.)	Stockwerk, Etage

5. 下	xià	名 (N.)	unten
6. 食堂	shítáng	名 (N.)	Cafeteria, Mensa, Kantine
7. 菜	cài	名 (N.)	Gericht, Speise
8. 空儿	kòngr	名 (N.)	Freizeit, Zwischenraum
9. 到……来	dào......lái		zu...kommen, bei j-m vorbeikommen
10. 一定	yídìng	副 (Adv.)	bestimmt, gewiß

句型 Satzmodelle

● 22.1 在哪儿……？

yuēhuì
约会

tiào wǔ
跳舞

chàng kǎlā'ōukèi
唱 卡拉OK

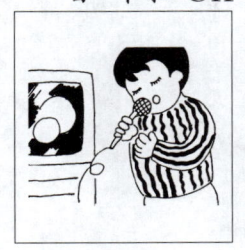

bǐsài
比赛

● 22.2 你到……来吧。

wǒ jiā
我家

wǒ de sùshè
我的宿舍

Běidà
北大

Shànghǎi
上海

22.3 尝尝我做的……。

dàngāo	diǎnxin	jiǎozi	shuǐguǒ shālā
蛋糕	点心	饺子	水果 沙拉

生词 Neue Vokabeln

1.	约会	yuēhuì	动、名(V./N.)	sich mit jmdm. verabreden; Verabredung
2.	跳舞	tiào wǔ		tanzen
3.	卡拉OK	kǎlā'ōUkèi		Karaoke
4.	比赛	bǐsài	动、名(V./N.)	Wettbewerb, Wettkampf
5.	北大	Běidà		Peking Universität
6.	上海	Shànghǎi		Shanghai
7.	蛋糕	dàngāo	名(N.)	Kuchen, Torte
8.	点心	diǎnxin	名(N.)	Snack, Imbiß
9.	沙拉	shālā	名(N.)	Salat

练习 Übungen

◆ 听读听写 *Hören, nachsprechen und ein Diktat*

◆ 1. 用慢速和中速跟读课文录音。(Hören Sie den Text und sprechen Sie nach, zuerst langsam, und dann in mittlerm Tempo！)

◆ 2. 听录音，写句子。(Hören Sie den Text und schreiben Sie auf, was Sie gehört haben！)

词汇语法　Vokabeln und Grammatik

◇ 按照例子写句子：(Vervollständigen Sie die Sätze nach dem Beispiel!)

		地方（Ort）	做什么（was tun）	
1		家	写	作业
2	在		喝	
3			听	
4			买	
5			打	
6			洗	
7			吃	

活学活用　Lernen und Gebrauch

◇ 1. 回答问题：(Beantworten Sie folgenden Fragen!)
　　（1）你一般在哪儿吃晚饭？
　　（2）你自己做饭吗？做什么？
　　（3）你会做中国菜吗？会做什么菜？

◇ 2. 介绍学校食堂的饭：(Stellen Sie die Speisen in Ihrer Schulcafeteria vor!)

翻译练习　Übersetzen

翻译下面的句子：(Übersetzen Sie die folgenden Sätze ins Chinesische!)

1. Wohin gehst du zum Tanzen jeden Freitag abend?
2. Hast du morgen Zeit, mit uns zu Mittag zu essen?
3. Komme zu mir und probiere mal meinen Obstsalat.

◆ 汉字书写　Schreiben Sie auf Chinesisch

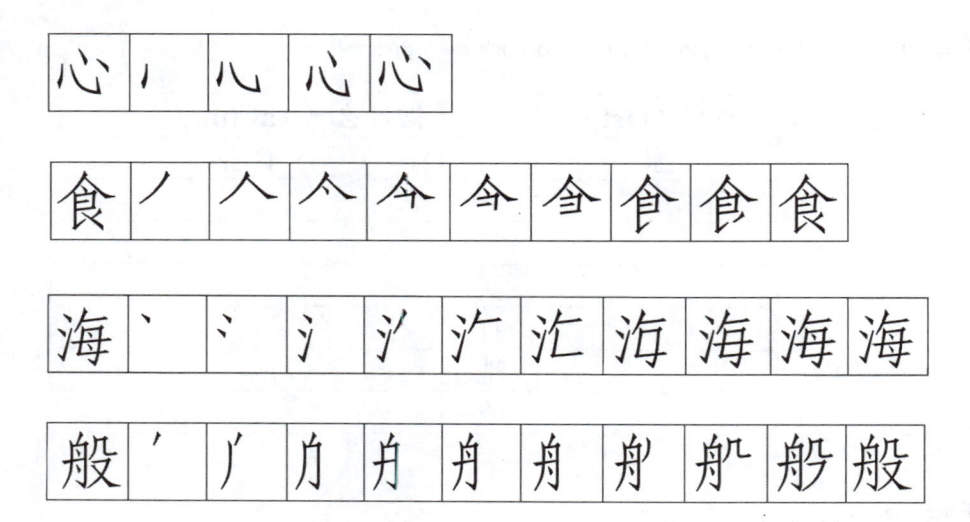

心	丶	㇃	心	心

食	丿	𠆢	人	今	今	食	食	食	食

海	丶	冫	氵	汀	汇	汇	海	海	海	海

般	ノ	丿	力	月	舟	舟	舟	舩	船	般

◆ 语音练习　Aussprache

◇ 读下面的句子，注意声调的区别：（Lesen Sie die folgenden Sätze und achten Sie auf den Tonunterschied！）

Zhèr shì màoyì gōngsī, bú shì máoyī gōngsī.
这儿是贸易公司，不是毛衣公司。
(Hier ist eine Handelsfirma, nicht eine Pulloverfirma.)

Dì - èrshísān kè　Bù néng chī chòudòufu de, bú suànshì Běijīngrén

第二十三课　不能吃臭豆腐的，不算是北京人

课文 Text

Fāng Mèngdān: Wǒ zuò de cài zěnmeyàng?
方梦丹：我做的菜怎么样？

Mǎ Āndí: Hǎochī, shāoqiézi、jiāchángdòufu、sùchǎotǔdòusī, wǒ dōu ài chī.
马安迪：好吃，烧茄子、家常豆腐、素炒土豆丝，我都爱吃。

Fāng Mèngdān: Nǐ hái xǐhuan chī nǎxiē zhōngguó cài?
方梦丹：你还喜欢吃哪些中国菜？

Mǎ Āndí: Chúle chòudòufu, wǒ dōu xǐhuan chī.
马安迪：除了臭豆腐，我都喜欢吃。

Fāng Mèngdān: Bú ài chī chòudòufu bù xíng.
方梦丹：不爱吃臭豆腐不行。

Mǎ Āndí: Wèishénme?
马安迪：为什么？

Fāng Mèngdān: Nǐ méi tīng rén shuō ma? Bù néng chī chòudòufu de, bú suànshì Běijīngrén.
方梦丹：你没听人说吗？不能吃臭豆腐的，不算是北京人。

Lektion 23	Wer keinen stinkenden Tofu essen kann, der ist kein Pekinger.
Fang Mengdan:	Wie waren die Gerichte, die ich gekocht habe?
Ma Andi:	Lecker! Gebratene Auberginen, Tofu, nach Hausmannsart, gebratene Kartoffel streifen, alle sind meine Lieblingsgerichte.
Fang Mengdan:	Was für chinesische Speisen isst du sonst noch gern?
Ma Andi:	Außer stinkendem Tofu esse ich alles gern.
Fang Mengdan:	Keinen stinkenden Tofu essen? Das geht nicht!
Ma Andi:	Wieso?
Fang Mengdan:	Hast du nie gehört——wer keinen stinkenden Tofu essen kann, der ist kein Pekinger?

生词 Neue Vokabeln

1. 能	néng	助动 (Hilfsv.)	können
2. 臭豆腐	chòudòufu		stark riechender gegorener stinkender Tofu
3. 算是	suànshì	动 (V.)	zu... zählen, als... gelten
4. 烧茄子	shāoqiézi		gebratene Auberginen
5. 家常豆腐	jiāchángdòufu		Tofu nach Hausmannsart
6. 素炒土豆丝	sùchǎotǔdòusī		gebratene Kartoffelstreifen
7. 爱	ài	动 (V.)	lieben, (gern) mögen, gern etw. tun
8. 哪些	nǎxiē	代 (Pron.)	welch
9. 除了	chúle	连 (Konj.)	außer
10. 行	xíng	形 (Adj.)	okay, es geht (in Ordnung)

句型 Satzmodelle

● 23.1 我做的……怎么样？

xiànrbǐng   guōtiēr   bǐsàbǐng   hànbǎobāo
馅儿饼   锅贴儿   比萨饼   汉堡包

○

jiǎozi   bāozi   húntun   miàntiáo
饺子 / 包子 / 馄饨 / 面条

● **23.2** ……、……、……，我都爱……。

Hóngchá、lǜchá、huāchá, wǒ dōu ài hē.
红茶、绿茶、花茶，我都爱喝。

Xiǎoshuō、shīgē、sǎnwén, wǒ dōu ài dú.
小说、诗歌、散文，我都爱读。

Píngguǒ、bōluó、lí, wǒ dōu ài chī.
苹果、菠萝、梨，我都爱吃。

Àiqíngpiānr、wǔdǎpiānr、zhànzhēngpiānr, wǒ dōu ài kàn.
爱情片儿、武打片儿、战争片儿，我都爱看。

● **23.3** 除了……，我都喜欢吃。

xiāngcài	huājiāo	dàsuàn	gǒuròu
香菜	花椒	大蒜	狗肉

生词 *Neue Vokabeln*

1. 馅儿饼	xiànrbǐng	名 (N.)	gefüllte Pfannkuchen
2. 锅贴儿	guōtiēr	名 (N.)	gebratene Jiaozi
3. 比萨饼	bǐsàbǐng	名 (N.)	Pizza
4. 汉堡包	hànbǎobāo	名 (N.)	Hamburger

5. 诗歌	shīgē	名 (N.)	Gedicht
6. 散文	sǎnwén	名 (N.)	Prosa
7. 菠萝	bōluó	名 (N.)	Ananas
8. 读	dú	动 (V.)	lesen
9. 爱情	àiqíng	名 (N.)	Liebe
10. 片儿	piānr	名 (N.)	(Spiel) film
11. 武打	wǔdǎ		Kungfu auf der Bühne oder im Film
12. 战争	zhànzhēng	名 (N.)	Krieg
13. 香菜	xiāngcài	名 (N.)	Koriander
14. 花椒	huājiāo	名 (N.)	Blütenpfeffer
15. 大蒜	dàsuàn	名 (N.)	Knoblauch
16. 狗肉	gǒuròu	名 (N.)	Hundfleisch

练习 Übungen

◆ 听读听写 *Hören, nachsprechen und ein Diktat*

◇ 1. 用慢速和中速跟读课文录音。(Hören Sie den Text und sprechen Sie nach, zuerst langsam, und dann in mittlerm Tempo!)

◇ 2. 听录音，写句子。(Hören Sie den Text und schreiben Sie auf, was Sie gehört haben!)

◆ 词汇语法 *Vokabel und Grammatik*

◇ 填空: (Ergänzen Sie!)

我的朋友_____是_____人，她会做_____菜，她做的_____、_____、_____我都爱吃。我不会_____，只会_____。我想学习_____。

◆ 活学活用　Lernen und Gebrauch

◇ 回答问题：(Beantworten Sie folgenden Fragen！)
（1）你喜欢吃什么？不喜欢吃什么？
（2）你爱喝的饮料有哪些？
（3）说出你知道的蔬菜（shūcài; Gemüse）、水果的名字。

翻 译 练 习　Übersetzen

翻译下面的句子：(Übersetzen Sie die folgenden Sätze ins Chinesische！)
1. Wie war der Tofu, den ich gekocht habe?
2. Die Große Mauer, der Himmelstempel, die Ming-Gräber——ich mag sie alle gern.
3. Außer Koriander mag ich alles.

◆ 汉字书写　Schreiben Sie auf Chinesisch

| 片 | 丿 | 丿 | 广 | 片 |

| 能 | ㄙ | ㄙ | 育 | 自 | 自 | 自 | 能 | 能 | 能 |

| 烧 | 丶 | 丶 | 丷 | 火 | 火 | 灿 | 灿 | 烤 | 烤 | 烧 |

| 爱 | 一 | 一 | 一 | 一 | 严 | 严 | 严 | 罗 | 爱 |

◆ **语音练习** *Aussprache*

◇ 读下面的句子，注意声调的区别： (Lesen Sie die folgenden Sätze und achten Sie auf den Tonunterschied!)

    Wǒ mǎi bēizi.
1. 我 买 杯子。 (Ich kaufe einen Becher.)

    Wǒ mǎi bèizi.
2. 我 买 被子。 (Ich kaufe eine Bettdecke.)

Dì - èrshísì kè Bié tài wánrmìng
第二十四课 别太玩儿命

课文 Text

Cuī Chéngzhé: Jīntiān shì zhōumò, nǐ dǎsuàn qù nǎr?
崔成哲：今天是周末，你打算去哪儿？

Piáo Yīngyù: Wǒ xiǎng hǎohāor xiūxi xiūxi.
朴英玉：我想好好儿休息休息。

Cuī Chéngzhé: Nǐ bù shūfu ma?
崔成哲：你不舒服吗？

Piáo Yīngyù: Zuìjìn zhǔnbèi Hànyǔ Shuǐpíng Kǎoshì, bǐjiào lèi.
朴英玉：最近准备汉语水平考试，比较累。

Cuī Chéngzhé: Nǐ yào duō zhùyì xiūxi, bié tài wánrmìng.
崔成哲：你要多注意休息，别太玩儿命。

Piáo Yīngyù: Yào fùxí de nèiróng tài duō, méi bànfǎ.
朴英玉：要复习的内容太多，没办法。

Cuī Chéngzhé: Xué Hànyǔ zhēn bú shì yí jiàn róngyì de shì.
崔成哲：学汉语真不是一件容易的事。

Lektion 24   Sei nicht so hart mit dir selbst.

Cui Chengzhe: Heute ist Wochenende. Wohin hast du vor zu fahren?

Piao Yingyu: Ich möchte mich gut ausruhen.

Cui Chengzhe: Fühlst du dich nicht wohl?

Piao Yingyu: Ich habe mich in letzter Zeit auf den HSK vorbereitet, und bin ziemlich müde.

Cui Chengzhe: Du sollst dich gut erholen. Sei nicht so hart mit dir selbst.

Piao Yingyu: Es gibt so viele Sachen zu wiederholen. Ich habe keine andere Wahl.

Cui Chengzhe: Chinesischlernen ist wirklich nicht Einfaches.

生词 Neue Vokabeln

1. 别   bié   副 (Adv.)   (sei) nicht... (tun etw) nicht, keine...

2.	太	tài	副（Adv.）	zu, übermäßig
3.	玩儿命	wánr mìng		sich übermäßig anstrengen
4.	周末	zhōumò	名（N.）	Wochenende
5.	打算	dǎsuàn	动（V.）	vorhaben, sich etw vornehmen, planen
6.	好好儿	hǎohāor	副（Adv.）	gut, ausgiebig, gründlich
7.	休息	xiūxi	动（V.）	sich ausruhen
8.	舒服	shūfu	形（Adj.）	sich wohl fühlen, bequem
9.	最近	zuìjìn	名（N.）	kürzlich, neulich, in letzter Zeit
10.	准备	zhǔnbèi	动（V.）	sich auf... vorbereiten
11.	水平	shuǐpíng	名（N.）	Niveau
12.	比较	bǐjiào	副（Adv.）	relativ, ziemlich
13.	内容	nèiróng	名（N.）	Inhalt
14.	容易	róngyì	形（Adj.）	einfach, leicht

句型 *Satzmodelle*

● 24.1 好好儿……

xiǎngxiang
想想

zhǎozhao
找找

shōushishōushi
收拾收拾

shāngliangshāngliang
商量商量

24.2 注意……

duànliàn	fáng dào	jiǎn féi	zūnshǒu jiāotōng guīzé
锻炼	防盗	减肥	遵守交通规则

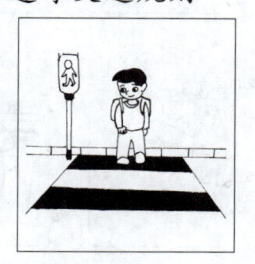

24.3 要……的……太多。

Yào mǎi de dōngxi tài duō.
要买的东西太多。

Yào dài de lǐwù tài duō.
要带的礼物太多。

Yào xǐ de yīfu tài duō.
要洗的衣服太多。

Yào huí de xìn tài duō.
要回的信太多。

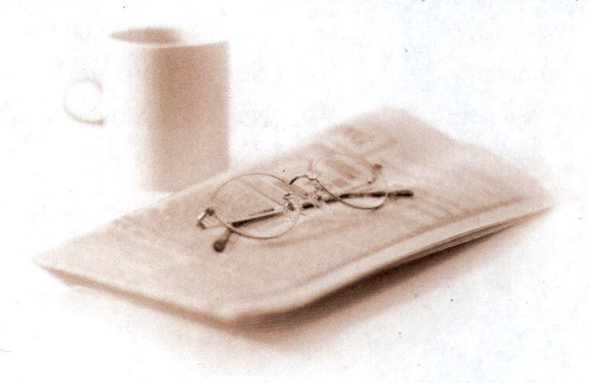

24.4 ……真不是一件容易的事。

bèi dāncí	xiě lùnwén	bāo jiǎozi	zuò Zhōngguó cài
背 单 词	写 论 文	包 饺 子	做 中 国 菜

生词 Neue Vokabeln

1.	商量	shāngliang	动 (V.)	besprechen, sich mit jmdm beraten
2.	锻炼	duànliàn	动 (V.)	trainieren, Sport machen, sich abhärten
3.	防盗	fáng dào		diebstahlsicher, einbruchssicher
4.	减肥	jiǎn féi		abnehmen
5.	遵守	zūnshǒu	动 (V.)	sich an etw halten, etw einhalten
6.	交通	jiāotōng	名 (N.)	Verkehr
7.	规则	guīzé	名 (N.)	Regel, Ordnung
8.	带	dài	动 (V.)	mitbringen, mitnehmen
9.	礼物	lǐwù	名 (N.)	Geschenk
10.	回	huí	动 (V.)	beantworten; zurückgehen
11.	信	xìn	名 (N.)	Brief
12.	背	bèi	动 (V.)	auswendig lernen, aufsagen, rezitieren
13.	单词	dāncí	名 (N.)	Vokabel
14.	论文	lùnwén	名 (N.)	Abhandlung, wissenschaftliche Arbeit
15.	包	bāo	动 (V.)	einwickeln, einpacken

练习 Übungen

听读听写 Hören, nachsprechen und ein Diktat

◇ 1. 用慢速和中速跟读课文录音。(Hören Sie den Text und sprechen Sie nach, zuerst langsam, und dann in mittlerm Tempo!)
◇ 2. 听录音，写句子。(Hören Sie den Text und schreiben Sie auf, was Sie gehört haben!)

词汇语法 Vokabeln und Grammatik

◇ 用"好好儿"加上下面的词语各说一句完整的话：(Bilden Sie Sätze mit „好好儿" und den folgenden Wörtern!)
　　(1) 洗洗　　(2) 读读　　(3) 逛逛　　(4) 复习复习　　(5) 准备准备

活学活用 Lernen und Gebrauch

◇ 1. 回答问题：(Beantworten Sie folgenden Fragen!)
　　(1) 你想参加 (cānjiā; an... teilnehmen) 汉语水平考试吗？
　　(2) 考试要复习的内容太多，你怎么办？
　　(3) 学汉语要注意什么？

◇ 2. 说一件在中国不容易做的事：(Erzählen Sie von einer Angelegenheit, die in China nicht leicht zu erledigen istq!)

课堂游戏 ein Spiel

他/她是谁 (Wer ist es)？
描述班里一个同学的外貌，让同学们猜描述的对象是谁。
Beschreiben Sie das Aussehen von einem/einer Klassenkameraden(in), lassen Sie die anderen Studenten raten, wer es ist.

翻译练习 Übersetzen

翻译下面的句子：(Übersetzen Sie die folgenden Sätze ins Chinesische！)

1. Ich möchte in Shanghai arbeiten, daher muß ich mich mit meiner Freundin beraten
2. Es gibt so viele Geschenke einzupacken, so daß ich Keine Zeit zum Essen habe.
3. Eine Aufsatz zu Schreiben ist nicht infach.

汉字书写 Schreiben Sie auf Chinesisch

| 水 | 丨 | 刁 | 水 | 水 |

| 词 | 丶 | 讠 | 订 | 诇 | 词 | 词 | 词 |

| 单 | 丶 | 丷 | 丷 | 丷 | 肖 | 甼 | 単 | 单 |

| 命 | 丿 | 人 | 人 | 亽 | 合 | 合 | 命 | 命 |

语音练习 Aussprache

◇ 读下面的句子，注意声调的区别： (Lesen Sie die folgenden Sätze und achten Sie auf den Tonunterschied！)

　　Mǎi yì bāo yān.
1. 买 一 包 烟。 (Kaufe eine Packung Zigaretten.)

　　Mǎi yì bāo yán.
2. 买 一 包 盐。 (Kaufe eine Packung Salz.)

Dì-èrshíwǔ kè　Wǒ de yùnqi zěnme nàme bù hǎo?
第二十五课　我的运气怎么那么不好?

课文 *Text*

Ānnà:　Wǒ mǎile yí jiàn yīfu, nǐ kàn hǎokàn
安娜：我买了一件衣服,你看好看
　　　bù hǎokàn?
　　　不好看?

Mǎlì:　Zhēn piàoliang! Zài nǎr mǎi de?
玛丽：真漂亮! 在哪儿买的?

Ānnà:　Xiàomén wàimian de shāngchǎng.
安娜：校门外面的商场。

Mǎlì:　Wǒ fēicháng xǐhuan zhè zhǒng yàngzi de yīfu,
玛丽：我非常喜欢这种样子的衣服,
　　　wǒ yě qù mǎi yí jiàn.
　　　我也去买一件。

Ānnà:　Bié qù le. Shòuhuòyuán shuō, zhè shì zuìhòu yí jiàn.
安娜：别去了。售货员说,这是最后一件。

Mǎlì:　Ài! Wǒ de yùnqi zěnme nàme bù hǎo?
玛丽：唉! 我的运气怎么那么不好?

Lektion 25　Wieso habe ich so ein Pech?

Anna:　Ich habe ein Kleidungsstück gekauft. Schau mal, ist es nicht schön?

Mali:　Wie schön! Wo hast du es gekauft?

Anna:　In dem Kaufhaus draußen vor dem Campustor.

Mali:　Mir gefallen Klamotten in diesem Stil besonders gut, ich werde mir auch eins holen.

Anna:　Vergiss es! Die Verkäuferin sagte, das ist das letzte.

Mali:　Oh, wieso habe ich so ein Pech?

生词 *Neue Vokabeln*

1. 运气	yùnqi	名 (N.)	Chance, Glück
2. 那么	nàme	代 (Pron.)	so, derart

3. 了	le	助	Partikel
4. 好看	hǎokàn	形 (Adj.)	gut aussehend, hübsch, schön
5. 校门	xiàomén	名 (N.)	Campustor
6. 外面	wàimian	名 (N.)	außen
7. 商场	shāngchǎng	名 (N.)	Kaufhau
8. 非常	fēicháng	副 (Adv.)	sehr, besonders, ungewöhnlich
9. 种	zhǒng	量 (ZEW)	Typ, Art
10. 样子	yàngzi	名 (N.)	Mode; Aussehen
11. 最后	zuìhòu	名 (N.)	letzt
12. 唉	ài	叹 (Int.)	oh

句型 Satzmodelle

25.1 我买了……。

yì shēn nèiyī
一 身 内衣

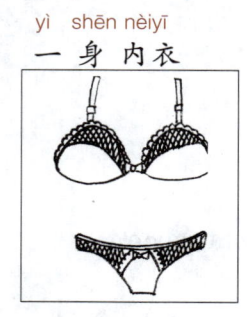

yì shuāng wàzi
一 双 袜子

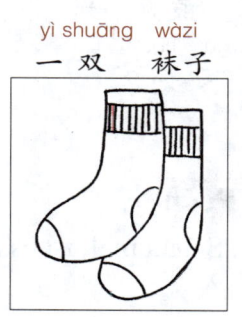

yí tào xīfú
一 套 西服

yì tiáo qúnzi
一 条 裙子

yí jiàn dàyī / yí fù shǒutào / yì dǐng màozi / yì tiáo kùzi
一 件 大衣 / 一 副 手套 / 一 顶 帽子 / 一 条 裤子

25.2 真……

xiāng
香

nánkàn
难看

liǎobuqǐ
了不起

méiyìsi
没意思

25.3 怎么那么……？

màn	hàipà	niánqīng	méilǐmào
慢 	害怕 	年轻 	没礼貌 

lěng / guì / zháojí / jǐnzhāng
冷 / 贵 / 着急 / 紧张

生词 *Neue Vokabeln*

1.	身	shēn	量 (ZEW)	(Kleider-)Garnitur
2.	内衣	nèiyī	名 (N.)	Unterwäsche
3.	袜子	wàzi	名 (N.)	Socken
4.	套	tào	量 (ZEW)	Satz, Garnitur, Set, Reihe
5.	西服	xīfú	名 (N.)	Anzug
6.	裙子	qúnzi	名 (N.)	Rock
7.	香	xiāng	形 (Adj.)	wohlriechend, duftend; appetitlich; mit Appetit (essen)
8.	难看	nánkàn	形 (Adj.)	unschön, häßlich
9.	了不起	liǎobuqǐ	形 (Adj.)	großartig, wunderbar, phantastisch
10.	没意思	méiyìsi		langweilig, uninteressant
11.	慢	màn	形 (Adj.)	langsam
12.	害怕	hàipà	动 (V.)	Angst haben, sich fürchten
13.	年轻	niánqīng	形 (Adj.)	jung
14.	礼貌	lǐmào	名 (N.)	Höflichkeit, Anstand

练习 Übungen

听读听写 Hören, nachsprechen und ein Diktat

◆ 1. 用慢速和中速跟读课文录音。(Hören Sie den Text und sprechen Sie nach, zuerst langsam, und dann in mittlerm Tempo!)

◆ 2. 听录音，写句子。(Hören Sie den Text und schreiben Sie auf, was Sie gehört haben!)

词汇语法 Vokabeln und Grammatik

◆ 用主语填空，完成句子：(Ergänzen Sie das Subjekt der jeweiligen Sätze!)

（　　）很好吃　　　（　　）真难看　　　（　　）非常麻烦
（　　）很可怕　　　（　　）真漂亮　　　（　　）非常紧张
（　　）很有意思　　（　　）真没意思　　（　　）非常讨厌

活学活用 Lernen und Gebrauch

◆ 设计一套时装，画图并说明样子和颜色：(Entwerfen Sie Modekleidung, zeichnen Sie eine Skizze und erläutern Sie den Stil und die Farben!)

翻译练习 Übersetzen

翻译下面的句子：(Übersetzen Sie die folgenden Sätze ins Chinesische!)

1. Ich habe einen schönen grünen Rock für 50 Yuan gekauft.
2. Ich mag diese Lektion nicht. Sie ist so langweilig.
3. Wieso bist du so nervös?

汉字书写　*Schreiben Sie auf Chinesisch*

礼	丶	㇀	礻	礻	礼

后	丿	厂	厂	斤	后	后

呀	丨	口	口	吖	吖	呀	呀

套	一	ナ	大	太	杢	杢	夲	套	套	套

语音练习　*Aussprache*

◇ **读下面的游戏歌"两只老虎"**：(Lesen Sie das folgende Kinderlied „Zwei Tiger"!)

Liǎng zhī lǎohǔ, liǎng zhī lǎohǔ,
两　只　老虎，两　只　老虎，
(Zwei Tiger, zwei Tiger,)

pǎo de kuài, pǎo de kuài.
跑　得　快，跑　得　快。
(laufen schnell, laufen schnell.)

Yì　zhī méiyǒu ěrduo,
一　只　没有　耳朵，
(Einer ohne Ohren,)

yì　zhī méiyǒu wěiba,
一　只　没有　尾巴，
(einer ohne Schwanz,)

zhēn qíguài! zhēn qíguài!
真　奇怪！真　奇怪！
(Wie komisch! Wie komisch!)

第二十六课　今天晚上盖什么？
Dì-èrshíliù kè　Jīntiān wǎnshang gài shénme?

课文 Text

Cuī Chéngzhé: Xià yǔ le.
崔成哲：下雨了。

Piáo Yīngyù: Huài le! Wǒ de bèizi hái zài wàimian ne.
朴英玉：坏了！我的被子还在外面呢。

Cuī Chéngzhé: Kuài qù ná ba!
崔成哲：快去拿吧！

Piáo Yīngyù: Nǐ kàn, dōu lín shī le. Tiānqì yùbào méi shuō jīntiān yǒu yǔ ya!
朴英玉：你看，都淋湿了。天气预报没说今天有雨呀！

Cuī Chéngzhé: Zhèr de tiānqì qíguài de hěn, shuō biàn jiù biàn.
崔成哲：这儿的天气奇怪得很，说变就变。

Piáo Yīngyù: Nà jīntiān wǎnshang gài shénme?
朴英玉：那今天晚上盖什么？

Lektion 26　Was benutze ich denn (zum Decken) heute nacht?

Cui Chengzhe: Es regnet.

Piao Yingyu: Mist! Meine Bettdecke ist noch draußen.

Cui Chengzhe: Schnell, hol sie 'rein!

Piao Yingyu: Schau mal, es ist schon naß. Der Wetterbericht hat nicht gesagt, daß es heute Regen gibt.

Cui Chengzhe: Das Wetter hier ist sehr launisch. Es kann sich jederzeit ändern.

Piao Yingyu: Wie decke ich mich nur heute Nacht zu?

生词 Neue Vokabeln

1.	盖	gài	动 (V.)	decken
2.	了	le	助	
3.	坏了	huàile		Mist!; kaputt
4.	被子	bèizi	名 (N.)	Bettdecke

5. 拿	ná	动 (V.)	holen, nehmen
6. 都……了	dōu......le		schon
7. 淋	lín	动 (V.)	giessen
8. 湿	shī	形 (Adj.)	naß, feucht
9. ……得很	......de hěn		sehr
10. 说…… 就……	shuō...... jiù......		sobald du... sagt, geschieht es; etw geschieht plötzlich oder umgehend
11. 变	biàn	动 (V.)	sich ändern, wechseln

句型 Satzmodelle

26.1 ……了

xiàxuě
下雪

qǐ fēng
起风

xià bīngbáo
下冰雹

chū tàiyang
出太阳

26.2 快去……吧

shuì
睡

bào àn
报案

qiǎnggòu
抢购

bào míng
报名

26.3 ……得很

piányi	fāngbiàn	rènao	jiǎndān
便宜	方便	热闹	简单

hǎo / màn / jǐnzhāng / máfan
好 / 慢 / 紧张 / 麻烦

生词 Neue Vokabeln

1. 起	qǐ	动 (V.)	aufkommen, entstehen
2. 冰雹	bīngbáo	名 (N.)	Hagel
3. 出	chū	动 (V.)	erscheinen
4. 太阳	tàiyang	名 (N.)	Sonne
5. 睡	shuì	动 (V.)	schlafen
6. 报案	bào àn		etw. der Polizei melden
7. 抢购	qiǎnggòu	动 (V.)	sich um etw. reißen
8. 报名	bào míng		sich zu etw anmelden
9. 便宜	piányi	形 (Adj.)	preisgünstig, billig
10. 方便	fāngbiàn	形 (Adj.)	bequem, praktisch
11. 热闹	rènao	形 (Adj.)	lebhaft, rege, es herrscht ein reges Treiben
12. 简单	jiǎndān	形 (Adj.)	einfach, leicht

练习 Übungen

听读听写 Hören, nachsprechen und ein Diktat

◆ 1. 用慢速和中速跟读课文录音。(Hören Sie den Text und sprechen Sie nach, zuerst langsam, und dann in mittlerm Tempo！)
◆ 2. 听录音，写句子。(Hören Sie den Text und schreiben Sie auf, was Sie gehört haben！)

词汇语法 Vokabeln und Grammatik

◆ 1. 选择下面的词语填空：(Wählen Sie passende Ausdrücke für die folgenden Sätze aus！)
①说……就…… ②……得很 ③快去……吧 ④还在……呢 ⑤都……了

(1) ____12 点 ____，____ 吃饭 _____！
(2) 这里的水果便宜 _____。
(3) 这儿的天气不好，____ 刮风 ____ 刮风。
(4) 糟糕，我的课本 ____ 宿舍里 ____。

◆ 2. 说出你学过的关于天气变化的词语：(Nennen Sie ein paar Ausdrücke, die Sie gelernt haben, über Wetteränderungen！)

活学活用 Lernen und Gebrauch

◆ 介绍你住的城市天气情况：(Stellen Sie die Wetterlage an Ihrem Wohnort vor！)

翻译练习 *Übersetzen*

翻译下面的动词：(Übersetzen Sie die folgenden Verben ins Chinesische！)

hassen	bekommen	vorbereiten	j-m etw wünschen
probieren	bummeln	versprechen	Fortschritte machen
drängen	bedauern	aufsagen	sich mit j-m verabreden
vorhaben	sich an etw halten	decken	sich zu etw anmelden

◆ 汉字书写 *Schreiben Sie auf Chinesisch*

冰	丶	冫	刂	冫	冰	冰		

坏	一	十	土	圹	圻	坏	坏	

变	丶	亠	六	亣	亦	亦	变	变

被	丶	冫	衤	衤	衤	衤	衤	衤	被	被

语音练习 *Aussprache*

◇ 读下面的句子，注意"一"的不同读音：(Lesen Sie die folgenden Sätze und achten Sie auf die verschiedenen Töne von „一"！)

Wǒ zài kǒuyǔ yī bān.
1. 我在口语一班。
(Ich gehe zur Klasse 1 für mündliche Kommunikation.)

Wǒ yìbān shí'èr diǎn shuìjiào.
2. 我一般 12 点睡觉。
(Ich gehe normalerweise um 12 Uhr ins Bett.)

Nánrén de yíbàn shì nǚrén.
3. 男人的一半是女人。
(Die Hälfte des Mannes ist die Frau.)

Bǎ nà zhāng zhuōzi bān yi bān.
4. 把那张桌子搬一搬。
(Rücken Sie den Tisch (beiseite).)

第二十七课　你饶了我吧
Dì-èrshíqī kè　Nǐ ráo le wǒ ba

课文 Text

玛丽：我最近越来越胖了。
Mǎlì: Wǒ zuìjìn yuèláiyuè pàng le.

伍松：是吗？我看你挺苗条的。
Wǔ Sōng: Shì ma? Wǒ kàn nǐ tǐng miáotiao de.

玛丽：为了减肥，我决定从明天开始不吃早饭。
Mǎlì: Wèile jiǎn féi, wǒ juédìng cóng míngtiān kāishǐ bù chī zǎofàn.

伍松：不吃早饭可不是办法。你应该坚持跑步。
Wǔ Sōng: Bù chī zǎofàn kě bú shì bànfǎ. Nǐ yīnggāi jiānchí pǎo bù.

玛丽：这么冷的天儿，你饶了我吧。
Mǎlì: Zhème lěng de tiānr, nǐ ráole wǒ ba.

Lektion 27　Hab Erbarmen mit mir!

Mali:　　Ich bin in letzter Zeit immer dicker geworden.

Wu Song:　Wirklich? Du kommst mir schlank vor.

Mali:　　Um abzunehmen habe ich mich entschlossen, von morgen an nicht mehr zu frühstücken.

Wu Song:　Nicht frühstücken ist keine richtige Lösung. Du sollst regelmäßig joggen gehen.

Mali:　　Bei so einem kalten Wetter? Hab Erbarmen mit mir!

生词 Neue Vokabeln

1. 饶	ráo	动 (V.)	verschonen, Erbarmen mit j-m haben
2. 越来越……	yuèláiyuè……		immer mehr, zunehmend
3. 挺……的	tǐng……de		sehr, ziemlich
4. 苗条	miáotao	形 (Adj.)	(gerten)schlank, grazil
5. 为了	wèile	介 (Präp.)	für, um zu

6. 决定	juédìng	动 (V.)	sich entscheiden
7. 从	cóng	介 (Präp.)	von
8. 开始	kāishǐ	动 (V.)	anfangen, beginnen
9. 早饭	zǎofàn	名 (N.)	Frühstück
10. 可	kě	副 (Adv.)	bestimmt (Betonung ausdrückend)
11. 坚持	jiānchí	动 (V.)	an etw festhalten, ausharren
12. 跑步	pǎo bù		joggen
13. 天儿	tiānr	名 (N.)	Wetter

句型 Satzmodelle

27.1 越来越……了

(Tiānqì) yuèláiyuè nuǎnhuo le.
(天气) 越来越 暖和 了。

(Wūrǎn) yuèláiyuè yánzhòng le.
(污染) 越来越 严重 了。

(Gòu wù) yuèláiyuè fāngbiàn le.
(购物) 越来越 方便 了。

(Nǐ) yuèláiyuè lǎn le.
(你) 越来越 懒 了。

143

27.2 为了……，我……。

Wèile zìjǐ jiāo xuéfèi, wǒ měitiān qù dǎgōng.
为了自己交学费，我每天去打工。

Wèile xué hǎo Hànyǔ, wǒ qǐng le yí wèi fǔdǎo.
为了学好汉语，我请了一位辅导。

Wèile zhīyuán zāiqū, tā juān le yìqiānyuán.
为了支援灾区，她捐了一千元。

Wèile duànliàn shēntǐ, wǒ cānjiā le jiànměibān.
为了锻炼身体，我参加了健美班。

27.3 你应该坚持……。

| duànliàn | yùndòng | zuò cāo | dǎ tàijíquán |
| 锻炼 | 运动 | 做操 | 打太极拳 |

生词 Neue Vokabeln

1. 暖和	nuǎnhuo	形 (Adj.)	warm
2. 污染	wūrǎn	动、名 (V./N.)	verschmutzen; Verschmutzung
3. 严重	yánzhòng	形 (Adj.)	schlimm; ernst

4. 购物	gòu wù		einkaufen
5. 懒	lǎn	形（Adj.）	faul
6. 交	jiāo	动（V.）	geben; bezahlen
7. 学费	xuéfèi	名（N.）	Studiengebühr
8. 打工	dǎ gōng		jobben, arbeiten (normalerweise in einer niedrigen Position)
9. 支援	zhīyuán	动（V.）	unterstützen, Beistand leisten
10. 灾区	zāiqū	名（N.）	Katastrophengebiet
11. 捐	juān	动（V.）	spenden
12. 参加	cānjiā	动（V.）	an... teilnehmen
13. 健美	jiànměi	形（Adj.）	gut und kraftvoll gebaut sein
14. 运动	yùndòng	动、名（V./N.）	Sport treiben; Sport
15. 做操	zuò cāo		Gymnastik machen

练习 Übungen

听读听写 *Hören, nachsprechen und ein Diktat*

◆1. 用慢速和中速跟读课文录音。(Hören Sie den Text und sprechen Sie nach, zuerst langsam, und dann in mittlerm Tempo！)

◆2. 听录音，写句子。(Hören Sie den Text und schreiben Sie auf, was Sie gehört haben！)

词汇语法 *Vokabeln und Grammatik*

◆1. 按照例句，完成句子：(Vervollständigen Sie die folgenden Sätze nach dem Beispiel！)

例句：为了减肥，你应该坚持跑步，不吃早饭可不是办法。

（1）为了学好汉语，你应该＿＿＿＿＿＿，＿＿＿＿＿＿可不是办法。

（2）为了考上大学，你应该＿＿＿＿＿＿，＿＿＿＿＿＿可不是办法。

◆ 2. 完成下面的句子：(Ergänzen Sie die folgenden Sätze!)
　　(1) 课文越来越_____了。
　　(2) 我们的生活越来越_____了。
　　(3) 我们学校的留学生越来越_____了。

◆ 活学活用　*Lernen und Gebrauch*

◆ 选用下面的题目成段表达：(Wählen Sie ein Thema aus und erzählen Sie weiter!)
　　1. 为了减肥……
　　2. 为了学好汉语……
　　3. 为了找一个好工作……

翻 译 练 习　*Übersetzen*

翻译下面的句子：(Übersetzen Sie die folgenden Sätze ins Chinesische!)

1. Die Verschmutzung ist immer schlimmer geworden.
2. Ich gehe jeden Tag schwimmen-, um abzunehmen.
3. Du sollst arbeiten, um deine Studiengebühr zu bezahlen.

◆ 汉字书写　*Schreiben Sie auf Chinesisch*

| 区 | 一 | ㄷ | 区 | 区 |

| 污 | 丶 | 冫 | 氵 | 氵 | 汀 | 污 |

| 饶 | 丿 | 𠆢 | 饣 | 饣 | 代 | 饯 | 饯 | 饶 | 饶 |

| 挺 | 一 | 十 | 扌 | 扩 | 拉 | 托 | 托 | 挺 | 挺 |

◆ 语音练习　*Aussprache*

◇ 给下面词语中的"一"字加上声调并朗读（Geben Sie die Töne von „一" in folgenden Redewendungen an und lesen Sie sie!）

（yi）lù píng'ān
一 路 平 安　（Gute Reise）

（yi）fān fēngshùn
一 帆 风 顺　（Bon voyage）

（yi）xīn（yi）yì
一 心 一 意　（mit Leib und Seele）

（yi）mú（yi）yàng
一 模 一 样　（wie ein Ei dem anderen gleich）

第二十八课 现在转学来得及吗？
Dì-èrshíbā kè Xiànzài zhuǎnxué láidejí ma?

课文 Text

Ānnà: 圣诞节快到了，我们学校放假吗？
Shèngdàn Jié kuài dào le, wǒmen xuéxiào fàng jià ma?

Mǎ Āndí: 圣诞节是星期三，不放假。
Shèngdàn Jié shì xīngqīsān, bú fàng jià.

Ānnà: 可是我姥爷、姥姥要来看我，我得陪他们玩儿。
Kěshì wǒ lǎoye、lǎolao yào lái kàn wǒ, wǒ děi péi tāmen wánr.

Mǎ Āndí: 那只好请假了。
Nà zhǐhǎo qǐng jià le.

Ānnà: 要是圣诞节放假就好了。
Yàoshi Shèngdàn Jié fàng jià jiù hǎo le.

Mǎ Āndí: 听说有的学校放假。
Tīngshuō yǒude xuéxiào fàng jià.

Ānnà: 是吗？现在转学来得及吗？
Shì ma? Xiànzài zhuǎn xué láidejí ma?

Lektion 28   Kann ich die Schule noch rechtzeitig wechseln?

Anna: Bald kommt Weihnachten. Haben wir Schulferien?

Ma Andi: Weihnachten fällt auf einen Mittwoch, keine Ferien.

Anna: Aber meine Opa und Oma kommen zu Besuch. Ich muß sie begleiten.

Ma Andi: Es bleibt dir dann nichts anderes übrig, als dir (paar Tage) freigeben zu lassen.

Anna: Es wäre schoen, wenn es zu Weihnachten Ferien gäbe!

Ma Andi: Ich habe gehört, daß es bei manchen Schulen Weihnachtsferien gibt.

Anna: Echt? Kann ich die Schule noch rechtzeitig wechseln?

生词 Neue Vokabeln

1. 转学   zhuǎn xué   die Schule wechseln
2. 来得及   láidejí   rechtzeitig; noch Zeit haben, etw zu tun

3. 圣诞节	Shèngdàn Jié		Weihnachten
4. 快……了	kuài......le		bald, gleich, etw steht bevor
5. 放假	fàng jià		Ferien haben, freihaben
6. 姥爷	lǎoye	名 (N.)	Großvater mütterlicherseits
7. 姥姥	lǎolao	名 (N.)	Großmutter mütterlicherseits
8. 陪	péi	动 (V.)	begleiten
9. 玩儿	wánr	动 (V.)	sich amüsieren
10. 只好	zhǐhǎo	副 (Adv.)	es bleibt nichts anderes übrig als...
11. 请假	qǐng jià		Urlaub anmelden, sich freigeben lassen
12. 要是…… 就……	yàoshi...... jiù......		wenn..., dann...

句型 *Satzmodelle*

28.1 ……快到了

Chūn Jié 春节

xīnnián 新年

guóqìngjié 国庆节

Láodòng Jié 劳动节

28.2 只好……了

Méiyǒu mǐfàn, zhǐhǎo chī miàntiáo le.
没有米饭，只好吃面条了。

Tā bù lái, wǒ zhǐhǎo zìjǐ qù le.
他不来，我只好自己去了。

Qián bú gòu, zhǐhǎo mǎi piányi de le.
钱不够，只好买便宜的了。

Méiyǒu gōnggòngqìchē, wǒmen zhǐhǎo dǎ chē le.
没有公共汽车，我们只好打车了。

28.3 现在……来得及吗？

| mǎi piào | bàokǎo | huàn bān | xuǎn kè |
| 买票 | 报考 | 换班 | 选课 |

生词 *Neue Vokabeln*

1.	春节	Chūn Jié	Frühlingsfest, Chinesisches Neujahr
2.	国庆节	guóqìngjié	Nationalfeiertag
3.	劳动节	Láodòng Jié	Tag der Arbeit (der 1. Mai)

4. 票	piào	名(N.)		Karte, Ticket
5. 报考	bàokǎo	动(V.)		sich zur Aufnahmeprüfung anmelden
6. 换班	huàn bān			die Klasse wechseln
7. 选课	xuǎn kè			einen Kurs wählen

练习 Übungen

听读听写 Hören, nachsprechen und ein Diktat

◇ 1. 用慢速和中速跟读课文录音。(Hören Sie den Text und sprechen Sie nach, zuerst langsam, und dann in mittlerm Tempo!)

◇ 2. 听录音，写句子。(Hören Sie den Text und schreiben Sie auf, was Sie gehört haben!)

词汇语法 Vokabeln und Grammatik

◇ 用"只好"完成句子: (Vervollständigen Sie die Sätze mit „只好"!)

1. 我病了，只好＿＿＿＿＿＿＿＿。
2. 我的钱包丢(diū; verlieren, verloren gehen)了，只好＿＿＿＿＿＿＿＿。
3. 我没有时间锻炼，只好＿＿＿＿＿＿＿＿。
4. 冰箱里什么都没有，只好＿＿＿＿＿＿＿＿。

活学活用 Lernen und Gebrauch

◇ 根据所要求的信息填表: (Füllen Sie die Tabellen aus mit geforderten Informationen!)
你们国家的重要节日：(Wichtige Feste und Feiertage in Ihrem Land!)

名字	时间	吃什么	做什么

你知道的中国节日：(Chinesische Feste und Feiertage, von denen Sie wissen！)

名字	时间	吃什么	做什么

课堂游戏　ein Spiel

旅行比赛（Reise-Wettbewerb）

每个学生根据生活实际，准备自己熟知的旅行信息，包括确切的时间、日期、票价、路线和旅行条件等等，回答其他同学的问题。

Jeder Student(in) sammelt genaue Reiseinformationen für sich: genaue Zeit, Abreisedatum, Fahrpreise, Reiserouten, Reisebedingungen usw. Er/Sie antwortet dann auf Fragen, die ihm/ihr die anderen Studenten stellen.

翻译练习　Übersetzen

翻译下面的句子：(Übersetzen Sie die folgenden Sätze ins Chinesische！)

1. Ich habe nicht genug Geld ein Taxi zu nehmen, ich muß mit dem Bus fahren.
2. Der Nationalfeiertag kommt bald, wir werden 7 Tage Ferien haben.
3. Kann man die Klasse noch rechtzeitig wechseln?

◆ 汉字书写 *Schreiben Sie auf Chinesisch*

及	丿	乃	及				

报	一	十	扌	扌	护	报	报

转	一	十	车	车	车	车	转	转

春	一	二	三	声	夫	未	春	春	春

◆ 语音练习 *Aussprache*

◇ 读下面的句子,注意"不"的不同读音:(Lesen Sie die folgenden Sätze und achten Sie auf die verschiedenen Töne von „不"!)

Wǒ　búshì　bù xiǎng qǐ,　shì qǐ bu lái.
我　不是　不　想　起,是　起　不　来。

(Es ist nicht, daß ich nicht aufstehen möchte, es ist nur, daß ich nicht aufstehen kann.)

第二十九课 我到现在还没有女朋友
Dì-èrshíjiǔ kè Wǒ dào xiànzài hái méiyǒu nǚpéngyou

课文 Text

刘丽： 李小龙有女朋友了吧？
Liú Lì: Lǐ Xiǎolóng yǒu nǚpéngyou le ba?

张明： 有吗？他没告诉我呀！
Zhāng Míng: Yǒu ma? Tā méi gàosu wǒ ya!

刘丽： 我刚才看见他穿着一身漂亮的西服,手里拿着一束鲜花,像是去约会。
Liú Lì: Wǒ gāngcái kànjiàn tā chuānzhe yì shēn piàoliang de xīfú, shǒu lǐ názhe yí shù xiānhuā, xiàng shì qù yuēhuì.

张明： 真的？真让人羡慕哇！我到现在还没有女朋友。
Zhāng Míng: Zhēn de? Zhēn ràng rén xiànmù wa! Wǒ dào xiànzài hái méiyǒu nǚpéngyou.

刘丽： 要什么样的？我帮你介绍一个？
Liú Lì: Yào shénmeyàng de? Wǒ bāng nǐ jièshào yí ge?

张明： 说话算数？
Zhāng Míng: Shuōhuà suànshù?

Lektion 29 Ich habe noch keine Freundin.

Liu Li: Li Xiaolong hat eine Freundin, nicht wahr?

Zhang Ming: Hat er? Er hat es mir nicht erzählt.

Liu Li: Ich habe ihn gerade in einem schicken Anzug gesehen, mit einem frischen Blumenstauß in der Hand. Wahrscheinlich geht er zu einem Date.

Zhang Ming: Echt? Es ist wirklich beneidenswert! Ich habe noch keine Freundin.

Liu Li: Was für eine möchtest du haben? Ich kann dir eine vorstellen.

Zhang Ming: Kann ich auf dich zählen?

生词 *Neue Vokabeln*

1.	告诉	gàosù	动 (V.)	j-m etw sagen, erzählen, mitteilen
2.	刚才	gāngcái	名 (N.)	gerade, eben
3.	看见	kànjiàn		sehen
4.	着	zhe	助	Strukturpartikel
5.	手	shǒu	名 (N.)	Hand
6.	束	shù	量 (ZEW)	Bund, Bündel
7.	鲜花	xiānhuā	名 (N.)	frische Blumen
8.	像	xiàng	副 (Adv.)	es scheint, daß...; es sieht so aus, als ob...
9.	羡慕	xiànmù	动 (V.)	beneiden
10.	哇	wa	助	gleich wie „啊"
11.	什么样	shénmeyàng		was für...
12.	帮	bāng	动 (V.)	helfen
13.	介绍	jièshào	动 (V.)	j-m etw/j-n vorstellen, empfehlen; einführen
14.	说话算数	shuōhuà suànshù		das Wort halten

句型 *Satzmodelle*

29.1 穿着……

yí jiàn hóng máoyī
一件 红 毛衣

yì tiáo liányīqún
一条 连衣裙

yì shuāng hēi píxié
一双 黑 皮鞋

yí jiàn T xùshān
一件 T 恤衫

● 29.2 真让人……

chījīng
吃惊

gǎndòng
感动

guòyìbúqù
过意不去

bù gǎn xiāngxìn
不敢 相信

● 29.3 到现在还没有……

jiàzhào
驾照

fángzi
房子

háizi
孩子

gōngzuò
工作

生词 Neue Vokabeln

1.	毛衣	máoyī	名 (N.)	Pullover
2.	连衣裙	liányīqún	名 (N.)	Kleid
3.	皮鞋	píxié	名 (N.)	Lederschuh
4.	T恤衫	T xùshān	名 (N.)	T-Shirt
5.	吃惊	chījīng		erstaunen, überrascht sein
6.	感动	gǎndòng	动 (V.)	bewegt sein, berührt sein
7.	过意不去	guòyìbúqù		zu Dank verpflichtet sein
8.	敢	gǎn	助动 (Hilfsv.)	wagen, sich trauen
9.	相信	xiāngxìn	动 (V.)	glauben
10.	驾照	jiàzhào	名 (N.)	Führerschein

| 11. 房子 | fángzi | 名 (N.) | Haus, Wohnung |
| 12. 孩子 | háizi | 名 (N.) | Kind |

练习 Übungen

听读听写 *Hören, nachsprechen und ein Diktat*

◆ 1. 用慢速和中速跟读课文录音。(Hören Sie den Text und sprechen Sie nach, zuerst langsam, und dann in mittlerm Tempo!)

◆ 2. 听录音,写句子。(Hören Sie den Text und schreiben Sie auf, was Sie gehört haben!)

词汇语法 *Vokabeln und Grammatik*

◆ 填量词:(Füllen Sie die Leerstellen mit Zählwörtern aus!)

一( )词典　　一( )袜子　　一( )西服　　一( )裙子
一( )鲜花　　一( )纸　　　一( )手套　　一( )筷子

活学活用 *Lernen und Gebrauch*

◆ 1. 回答问题:(Beantworten Sie folgenden Fragen!)
　(1) 你有女(男)朋友吗？你的女?(男)朋友什么样？
　(2) 你要找什么样的女(男)朋友？
　(3) 你喜欢别人给你介绍女(男)朋友吗？为什么？

◆ 2. 描述你的同学现在的打扮:(Beschreiben Sie die Kleidung Ihrer Klassenkameraden!)

翻译练习 Übersetzen

翻译下面的句子:（Übersetzen Sie die folgenden Sätze ins Chinesische!）

1. She hat einen roten Pullover und einen schwarzen Rock an.
2. Sein Chinesisch ist so gut, daß ich es kaum glauben kann.
3. Ich habe noch keine Arbeit.

汉字书写 Schreiben Sie auf Chinesisch

见	丨	冂	见	见				
束	一	厂	冖	戸	申	束	束	
孩	⁻	了	子	孑	孒	孑	孩	孩	孩
帮	一	二	三	圭	耒	邦	邦	帮	帮

语音练习 Aussprache

◇ 给下面词语中的"不"字加上声调并朗读:（Geben Sie die Töne von „不" in folgenden Redewendungen an und Lesen Sie sie!）

(bu) duō (bu) shǎo
不 多 不 少
(Weder viel noch wenig)

(bu) féi (bu) shòu
不 肥 不 瘦
(Weder weit noch eng)

(bu) dà (bu) xiǎo
不 大 不 小
(Weder groß noch klein)

(bu) jiàn (bu) sàn
不 见 不 散
(nicht weggehen ohne einander sehen)

Dì - sānshí kè Yòu shì qù chī Màidāngláo
第三十课 又是去吃麦当劳?

课文 Text

Luó Qiáodān:	Qǐngwèn, Wáng Lán zài ma?
罗乔丹:	请问,王兰 在吗?
Liú Lì:	Tā zhèngzài xiūxi.
刘丽:	她 正在 休息。
	Nǐ yǒu jíshì ma?
	你 有 急事 吗?
Luó Qiáodān:	Wǒ zài zhǔnbèi míngtiān de kǎoshì,
罗乔丹:	我 在 准备 明天 的 考试,
	yǒuxiē wèntí wǒ bù míngbai, xiǎng wènwen tā.
	有些 问题 我 不 明白,想 问问 她。
Liú Lì:	Wǒ kěyǐ bāngzhù nǐ ma?
刘丽:	我 可以 帮助 你 吗?
Luó Qiáodān:	Nà dāngrán hǎo le! Zhōngwǔ wǒ qǐng nǐ chī fàn.
罗乔丹:	那 当然 好 了!中午 我 请 你 吃饭。
Liú Lì:	Yòu shì qù chī Màidāngláo?
刘丽:	又 是 去 吃 麦当劳?

Lektion 30   Wieder McDonald's?

Luo Qiaodan: Entschuldigung, ist Wanglan zu hause?

Liu Li: Sie ruht sich gerade aus. Hast du was Dringendes?

Luo Qiaodan: Ich bin gerade bei der Vorbereitung auf die Prüfung von morgen. Ich habe ein paar Fragen, die ich nicht verstehe, und möchte sie fragen.

Liu Li: Kann ich dir helfen?

Luo Qiaodan: Natürlich! Ich lade dich zum Mittagessen ein.

Liu Li: Wieder McDonald's?

生词 *Neue Vokabeln*

1.	麦当劳	Màidāngláo		McDonald's
2.	正在	zhèngzài	副 (Adv.)	gerade bei einer Tätigkeit sein
3.	在	zài	副 (Adv.)	kurze Form von „正在"
4.	有些	yǒuxiē		es gibt einige
5.	问题	wèntí	名 (N.)	Frage; Problem
6.	明白	míngbai	形、动 (Adj./V.)	klar; verstehen
7.	问	wèn	动 (V.)	fragen
8.	帮助	bāngzhù	动 (V.)	helfen
9.	当然	dāngrán	形 (Adj.)	natürlich, sicher
10.	中午	zhōngwǔ	名 (N.)	Mittag

句型 *Satzmodelle*

30.1 （她）正在……。

lǐ fà	kāi huì	xǐ zǎo	jiǎngyǎn
理发	开会	洗澡	讲演

30.2 我请你……。

tīng yīnyuèhuì	kàn lánqiú bǐsài	hē jiǔ	chī huǒguō
听音乐会	看篮球比赛	喝酒	吃火锅

30.3 又是去……？

chī hǎixiān	tiào dísīkē	pào wǎngbā	chàng kǎlā'ōukèi
吃 海鲜 	跳 迪斯科 	泡 网吧 	唱 卡拉OK 

生词 *Neue Vokabeln*

1. 理发	lǐ fà		j-m die Haare schneiden, sich die Haare schneiden lassen
2. 开会	kāi huì		Sitzung haben
3. 洗澡	xǐ zǎo		duschen, baden
4. 讲演	jiǎngyǎn	动 (V.)	eine Rede halten
5. 音乐会	yīnyuèhuì	名 (N.)	Konzert
6. 篮球	lánqiú	名 (N.)	Basketball
7. 酒	jiǔ	名 (N.)	alkoholische Getränke
8. 火锅	huǒguō	名 (N.)	Feuertopf, Fondue
9. 海鲜	hǎixiān	名 (N.)	Meeresfrüchte
10. 跳	tiào	名 (N.)	tanzen
11. 迪斯科	dísīkē	名 (N.)	Disko
12. 泡	pào	动 (V.)	viel Zeit an einem Ort verbringen
13. 网吧	wǎngbā	名 (N.)	Internet-Bar

练习 Übungen

听读听写 *Hören, nachsprechen und ein Diktat*

1. 用慢速和中速跟读课文录音。(Hören Sie den Text und sprechen Sie nach, zuerst langsam, und dann in mittlerm Tempo!)
2. 听录音，写句子。(Hörer Sie den Text und schreiben Sie auf, was Sie gehört haben!)

词汇语法 *Vokabeln und Grammatik*

用动词+宾语的形式写出你喜欢或不喜欢做的事：(Schreiben Sie nieder, was Sie gerne tun und was nicht, indem Sie cie „Verb+Objekt"-Struktur benutzen!)

喜欢做的事：　①_____　　②_____
　　　　　　　③_____　　④_____

不喜欢做的事：①_____　　②_____
　　　　　　　③_____　　④_____

活学活用 *Lernen und Gebrauch*

回答问题：(Beantworten Sie folgenden Fragen!)
1. 考试前，你喜欢自己复习还是请人帮助自己复习？
2. 你学习有不明白的问题的时候怎么办？

翻译练习 *Übersetzen*

翻译下面的短文：(Übersetzen Sie die folgenden Abschnitt ins Chinesische!)

　　Li Xiaolong ist mit seiner Freundin verabredet.　Er hat einen schicken Anzug an, mit einem frischen Blumenstrauß in der Hand. Er ist so froh, daß er vergessen hat, seine Brieftasche mitzunehmen. Er hat nur 48 Yuan dabei und kann seine Freundin nur zu einem Hamburger bei McDonald's einladen.

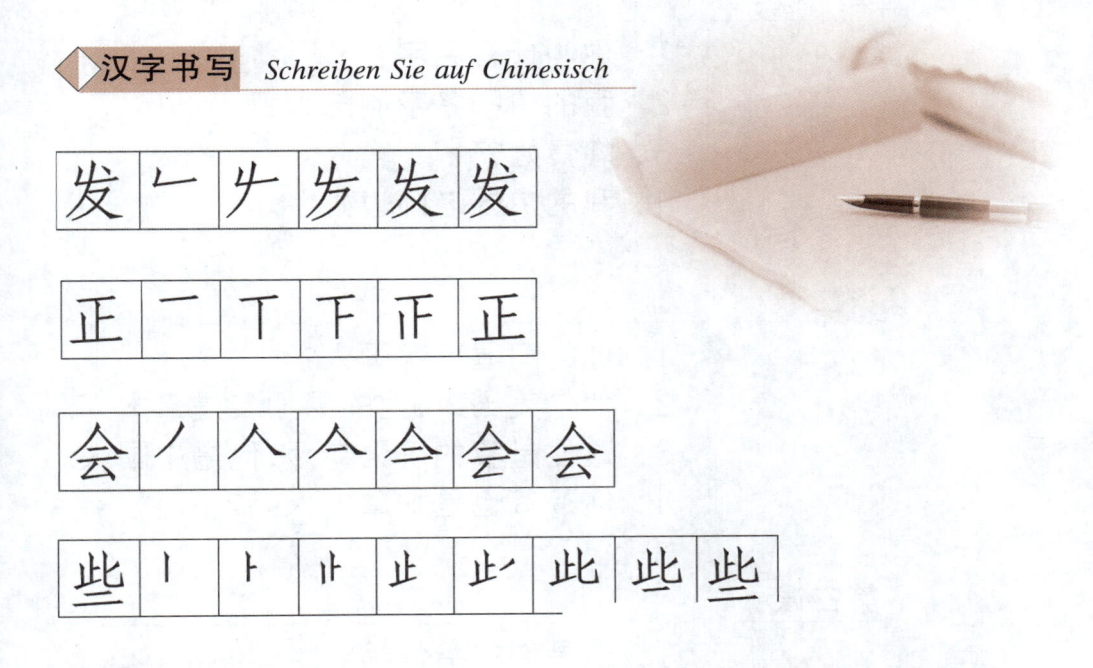

汉字书写 *Schreiben Sie auf Chinesisch*

| 发 | 一 | 少 | 步 | 发 | 发 |

| 正 | 一 | 丁 | 下 | 正 | 正 |

| 会 | 丿 | 人 | 人 | 仒 | 会 | 会 |

| 些 | 丨 | 卜 | 忄 | 止 | 止 | 此 | 些 | 些 |

语音练习 *Aussprache*

◇ 朗读下面的儿歌: (Lesen Sie das folgende Kinderlied!)

Yì zhī háma yì zhāng zuǐ,
一 只 蛤蟆 一 张 嘴,
(Eine Kröte hat einen Mund,)

liǎng zhī yǎnjīng sì tiáo tuǐ,
两 只 眼睛 四 条 腿,
(zwei Augen, vier Beine,)

pūtōng yì shēng tiào xià shuǐ.
扑通 一 声 跳 下 水。
(springt ins Wasser mit einem Plumps.)

Liǎng zhī háma......
两 只 蛤蟆……
(Zwei Kröten...)

"听录音，写句子" 文本　　Hörtexte

第一课：

1．你叫什么名字？
2．我的中国名字叫陆大卫。
3．您贵姓？
4．我的中国老师也姓金。

第二课：

1．你的同屋是哪国人？
2．他是美国人，他的男朋友是日本人。
3．这位是我的汉语老师，他是中国人。
4．你爷爷也是加拿大人吗？

第三课：

1．这是你的书包吗？
2．我的自行车哪儿去了？
3．他的帽子是红色的。
4．我只有一把黑色的雨伞。

第四课：

1．我的房间里有床和桌子。
2．床的左边是书架，右边是沙发。
3．电视机在桌子上。
4．冰箱里有很多冰激凌。

"听录音，写句子" 文本　　Hörtexte

第五课：

1. 我有一个弟弟和一个妹妹。
2. 她是独生女。
3. 我妹妹今年 20 岁。
4. 你有兄弟姐妹吗？

第六课：

1. 你们班一共有多少学生？
2. 二班有的是日本人，有的是美国人。
3. 你们班的韩国人真够多的。
4. 我会说几句汉语。

第七课：

1. 这儿有炒饭吗？
2. 我喜欢吃饺子，不喜欢吃馄饨。
3. 这儿是法国餐馆。
4. 很抱歉，这儿没有《北京晚报》。

第八课：

1. 你妈妈在家吗？
2. 我姐姐在同学家。
3. 张经理是我们老师的爱人。
4. 你知道他叫什么名字吗？

"听录音，写句子"文本　　Hörtexte

第九课：

1. 你是计算机公司的经理吗？
2. 你想去老师家吗？
3. 我有急事找你。
4. 我想知道他什么时候回家。

第十课：

1. 我的辅导是北京大学的学生。
2. 你想喝咖啡吗？
3. 请等一下，我马上去找他。
4. 她是三班的口语老师。

第十一课：

1. 请问，西瓜多少钱一斤？
2. 我买一斤葡萄。
3. 草莓五块二一斤。
4. 这橘子怎么卖？

第十二课：

1. 在中国不会说汉语怎么办？
2. 北京冬天冷，夏天热。
3. 你怕考试吗？
4. 你真漂亮！

"听录音，写句子"文本　　Hörtexte

第十三课：

1. 明天有考试。
2. 着急有什么用？
3. 我没有时间复习。
4. 我的男朋友约我去看杂技。

第十四课：

1. 你吃点儿什么？
2. 我要一条鱼。
3. 再要一碗米饭。
4. 来一只北京烤鸭吧。

第十五课：

1. 我要一杯红茶，不放糖。
2. 你要这件还是那件？
3. 医生不让我吃糖。
4. 他们都说我太胖了。

第十六课：

1. 我想买一双26号的布鞋。
2. 这件大衣有点儿瘦，有肥一点儿的吗？
3. 你穿多大号的？
4. 你看这顶帽子怎么样？

"听录音，写句子"文本　　Hörtexte

第十七课：

1. 今天是我妈妈的生日。
2. 祝你生日快乐！
3. 今天是6月19号星期三。
4. 现在9点10分，上课又迟到了。

第十八课：

1. 我每天12点吃午饭。
2. 我常常去打网球。
3. 今天晚上我跟朋友一起去看电影。
4. 我的同屋做的饭很好吃。

第十九课：

1. 明天晴天，我和同学去爬山。
2. 快打开电视！
3. 我喜欢弹钢琴。
4. 我最讨厌数学考试。

第二十课：

1. 请问，去火车站怎么走？
2. 往东走。
3. 到第一个十字路口往右拐。
4. 去书店大概走10分钟。

"听录音，写句子"文本	Hörtexte
第二十一课：	
	1．你怎么去学校？ 2．我坐公共汽车去。 3．你家离学校远吗？ 4．打车去至少30分钟。
第二十二课：	
	1．你每天在哪儿吃饭？ 2．学校食堂的菜不好吃。 3．尝尝我做的中国菜。 4．今天晚上我有空儿。
第二十三课：	
	1．我做的饺子怎么样？ 2．你喜欢吃哪些水果？ 3．除了苹果，我都喜欢吃。 4．我不爱喝花茶。
第二十四课：	
	1．周末你打算去哪儿？ 2．我想好好复习功课。 3．你要多注意休息。 4．学汉语真不是一件容易的事。

"听录音，写句子"文本　　Hörtexte

第二十五课：

1．她买了一条好看的裙子。
2．你们班的老师真年轻！
3．在哪儿买的？
4．你的运气怎么那么好？

第二十六课：

1．快去上课吧。
2．天气预报说今天下雪。
3．昨天下大雨，我的衣服都淋湿了。
4．晚上这里热闹得很。

第二十七课：

1．你的女朋友挺苗条的。
2．要减肥，你应该坚持跑步。
3．天气越来越冷了。
4．为了学好汉语，我请了一位辅导。

第二十八课：

1．你的生日快到了，你想要什么？
2．没钱打车，我们只好坐公共汽车了。
3．现在换班还来得及吗？
4．新年我们学校放假一天。

"听录音，写句子"文本　　Hörtexte

第二十九课：

1. 他每天跟女朋友约会。
2. 到现在他还没有孩子。
3. 她穿着一件红毛衣，真漂亮！
4. 他汉语说得很好，真让人羡慕。

第三十课：

1. 我正在准备明天的口语考试。
2. 我想请你帮助我。
3. 周末我请你听音乐会。
4. 又是去唱卡拉OK？

"翻译练习"参考答案　„Übersetzen" Schlüssel

第一课
- 1. 老师,您贵姓?
- 2. 那我们500年前是一家。

第二课
- 1. 我的同屋是美国人。
- 2. 这不是我的男朋友。
- 3. 他是半个法国人。

第三课
- 1. 这不是我的书。
- 2. 对不起,这里只有一位中国老师。
- 3. 奇怪!我的钥匙哪儿去了?

第四课
- 1. 房间的左边是床。
- 2. 门口有一个书架。
- 3. 冰箱里有很多冰激凌。

第五课
- 1. 我有两个姐姐和一个弟弟。
- 2. 我是独生子。
- 3. 我应该当你的哥哥。

第六课
- 1. 你家有几口人?
- 2. 他们都是零起点吗?
- 3. 我们班有20个人,有的是韩国人,有的是日本人。

第七课
- 1. 请问,有炒饭和馒头吗?
- 2. 怎么都没有?
- 3. 很抱歉,小姐,这儿是意大利餐馆。

第八课
- 1. 我同屋现在在哪儿?
- 2. 她好像在同学家。
- 3. 她有三个男朋友,你知道她在哪个男朋友家吗?

第九课
- 1. 喂!是计算机公司吗?
- 2. 你们经理什么时候回来?
- 3. 我也想知道。

第十课
- 1. 你找什么?
- 2. 请等一下!你喝咖啡吗?
- 3. 我是公司的总经理。

第十一课
- 1. 你要多少樱桃?
- 2. 草莓怎么卖?
- 3. 她怎么这么瘦?

第十二课
- 1. 听说北京夏天很热。
- 2. 你没钱买书怎么办?
- 3. 你真漂亮!

第十三课
- 1. 我没时间打扫房间。
- 2. 后悔有什么用?
- 3. 我女朋友约我去看杂技。

第十四课
- 1. 您来点儿什么?
- 2. 我要一瓶啤酒。
- 3. 你一个人可以要半个。

第十五课
- 菲律宾人　　钱包　　运动鞋　　磁带
- 橡皮　　茶几　　洗衣机　　警察
- 面条　　富士胶卷　　电话卡　　动物园
- 图书馆　　计算机　　快餐　　同事
- 葡萄　　浴缸　　小说　　大衣

第十六课
- 1. 你要什么裤子?
- 2. 我穿大号的。
- 3. 我有点儿紧张。

第十七课
　　方梦丹是一个西班牙女孩儿。她住在留学生宿舍。她喜欢吃北京烤鸭。她每星期六都去中国饭馆。她学习很努力,所以她的口语很好。她还能看《人民日报》。

第十八课
- 1. 我每天晚上12点睡觉。
- 2. 星期天我常和我的朋友一起去游泳。
- 3. 你要和我们一起打麻将还是和你的女朋友去看电影?

第十九课
- 1. 后天刮风,我们不能去爬山。
- 2. 中国历史太难了,有很多东西要学。
- 3. 我最讨厌下雨。

第二十课
- 奇怪　　　健康　　　顺利　　　重
- 急　　　　贵　　　　好吃　　　瘦
- 漂亮　　　可怜　　　苦　　　　幽默
- 胖　　　　讨厌　　　紧张　　　糊涂

第二十一课
- 1. 你每天怎么去学校?
- 2. 我坐地铁或者公共汽车去学校。
- 3. 你们公司离你家远吗?

第二十二课
- 1. 每个星期五晚上你去哪儿跳舞?
- 2. 明天你有时间和我们吃午饭吗?
- 3. 到我这儿来尝尝我的水果沙拉。

第二十三课
- 1. 我做的豆腐怎么样?
- 2. 长城、天坛、十三陵,我都喜欢。
- 3. 除了香菜我都喜欢。

第二十四课
- 1. 我想去上海工作,所以我要和我的女朋友好好商量商量。
- 2. 有很多礼物要包,我没有时间吃饭。
- 3. 写论文不是一件容易的事。

第二十五课

- 1. 我花 50 块钱买了一条漂亮的绿裙子。
- 2. 我不喜欢这门课,真没意思!
- 3. 你怎么那么紧张?

第二十六课

- 讨厌　　收　　准备　　祝贺
- 尝　　逛　　答应　　进步
- 挤　　后悔　　背　　约
- 计划　　遵守　　盖　　报名

第二十七课

- 1. 污染越来越严重。
- 2. 为了减肥我每天游泳。
- 3. 你应该工作,付你的学费。

第二十八课

- 1. 我的钱不够打车,只好坐公共汽车。
- 2. 国庆节快到了,我们放七天假。
- 3. 现在换班来得及吗?

第二十九课

- 1. 她穿着一件红毛衣和一条黑裙子。
- 2. 他的汉语说得那么好,真让人不敢相信。
- 3. 我还没有工作。

第三十课

- 李小龙和女朋友有个约会。他穿着一身漂亮的西服,手里拿着一束鲜花。他太高兴了,所以忘了带钱包。他身上只有 48 元,只能请女朋友在麦当劳吃一个汉堡包。

生词总表
Vokabular

（词语后面的数字为课文序号）

A

阿根廷人	Āgēntíngrén	2
啊	á	8
埃及人	Āijírén	2
唉	ài	25
爱	ài	23
爱情	àiqíng	23
爱人	àiren	8
安全	ānquán	13
澳大利亚人	Àodàlìyàrén	2

B

巴西人	Bāxīrén	2
把	bǎ	3
爸爸	bàba	2
吧	ba	10
白	bái	3
班	bān	6
办法	bànfǎ	13
半	bàn	2
帮	bāng	29

帮助	bāngzhù	30
包	bāo	24
包子	bāozi	7
保龄球	bǎolíngqiú	18
报案	bào àn	26
报考	bàokǎo	28
报名	bào míng	26
抱歉	bàoqiàn	7
杯	bēi	15
北	běi	20
北大	Běidà	22
北京	Běijīng	9
北京大学	Běijīng Dàxué	9
北京烤鸭	Běijīng kǎoyā	14
北京晚报	Běijīng Wǎnbào	7
背	bèi	24
被子	bèizi	26
本	běn	4
本子	běnzi	4
比较	bǐjiào	24
比萨饼	bǐsàbǐng	23
比赛	bǐsài	22
变	biàn	26
别	bié	24
别的	biéde	11

177

冰雹	bīngbáo	26
冰激凌	bīngjīlíng	4
冰箱	bīngxiāng	4
菠萝	bōluó	23
伯伯	bóbo	5
不用	búyòng	10
不	bù	2
不好意思	bùhǎoyìsi	16
布鞋	bùxié	16

C

菜	cài	22
参加	cānjiā	27
餐馆儿	cānguǎnr	7
餐巾纸	cānjīnzhǐ	15
草莓	cǎoméi	11
茶	chá	10
茶几	chájī	4
差	chà	17
长	cháng	16
长城	Chángchéng	21
尝	cháng	18
常常	chángcháng	18
唱	chàng	19
炒饭	chǎofàn	7
车	chē	21
吃	chī	4

吃惊	chī jīng	29
迟到	chídào	17
臭豆腐	chòudòufu	23
出	chū	26
除了	chúle	23
穿	chuān	16
床	chuáng	4
吹	chuī	19
春节	Chūn Jié	28
词典	cídiǎn	3
磁带	cídài	3
聪明	cōngming	13
从	cóng	27

D

打	dǎ	18
打车	dǎ chē	21
打工	dǎ gōng	27
打开	dǎkāi	19
打扰	dǎrǎo	10
打算	dǎsuàn	24
大	dà	16
大概	dàgài	20
大号	dà hào	16
大家	dàjiā	18
大蒜	dàsuàn	23

大学	dàxué	9
带	dài	24
单词	dāncí	24
蛋糕	dàngāo	22
当	dāng	5
当然	dāngrán	30
到	dào	20
到……来	dào …… lái	22
德国人	Déguórén	2
的	de	1
……得很	…… de hěn	26
得	děi	22
等	děng	10
迪斯科	dísīkē	30
笛子	dízi	19
地铁站	dìtiězhàn	21
弟弟	dìdi	5
第三	dìsān	20
点	diǎn	17
点心	diǎnxin	22
电话卡	diànhuàkǎ	7
电视（机）	diànshì(jī)	4
电影	diànyǐng	18
顶	dǐng	16
东	dōng	20
东西	dōngxi	18
冬天	dōngtiān	12
董事长	dǒngshìzhǎng	10
动物园	dòngwùyuán	21

都	dōu	6
都……了	dōu …… le	26
读	dú	23
独生女	dúshēngnǚ	5
堵车	dǔ chē	21
短	duǎn	16
锻炼	duànliàn	24
对不起	duìbuqǐ	3
多(1)	duō	6
多(2)	duō	16
多大	duō dà	5
多少	duōshao	6

E

俄罗斯人	Éluósīrén	2
儿子	érzi	8

F

法国	Fǎguó	7
法国人	Fǎguórén	2
饭	fàn	18
饭店	fàndiàn	9
方便	fāngbiàn	26
防盗	fáng dào	24

房间	fángjiān	4
房子	fángzi	29
放	fàng	15
放假	fàng jià	28
放学	fàng xué	9
飞机场	fēijīchǎng	20
非常	fēicháng	25
菲律宾人	Fēilǜbīnrén	2
肥	féi	16
分(1)	fēn	11
分(2)	fēn	17
分钟	fēnzhōng	20
风	fēng	19
夫人	fūren	8
服务员	fúwùyuán	3
辅导	fǔdǎo	10
复习	fùxí	12
副	fù	16
富士胶卷	Fùshì jiāojuǎn	7

高	gāo	11
高兴	gāoxìng	15
告诉	gàosu	29
哥哥	gēge	5
个	gè	2
给	gěi	15
跟……一起	gēn……yìqǐ	18
工人	gōngrén	6
工作	gōngzuò	17
公共汽车	gōnggòng qìchē	12
公斤	gōngjīn	21
公里	gōnglǐ	21
公司	gōngsī	9
公园	gōngyuán	6
功课	gōngkè	12
狗肉	gǒuròu	23
购物	gòu wù	27
够	gòu	12
够……的	gòu……de	6
姑姑	gūgu	5
故宫	Gùgōng	20
刮	guā	19
拐	guǎi	20
广播电视报	Guǎngbō Diànshì Bào	7
逛	guàng	18
规则	guīzé	24
柜子	guìzi	4
贵	guì	11
锅贴儿	guōtiēr	23

G

盖	gài	26
赶快	gǎnkuài	13
敢	gǎn	29
感动	gǎndòng	29
刚才	gāngcái	29
钢琴	gāngqín	19

国庆节	guóqìngjié	28
过路人	guòlùrén	20
过意不去	guòyìbúqù	29

H

还(1)	hái	11
还(2)	hái	20
还是	háishi	15
还是……好	háishi……hǎo	21
孩子	háizi	29
海鲜	hǎixiān	30
害怕	hàipà	25
韩国	Hánguó	7
韩国人	Hánguórén	2
汉堡包	hànbǎobāo	23
汉语	Hànyǔ	6
好	hǎo	14
好吃	hǎochī	18
好好儿	hǎohāor	24
好看	hǎokàn	25
好像	hǎoxiàng	8
号(1)	hào	16
号(2)	hào	17
喝	hē	10
和	hé	19
荷兰人	Hélánrén	2
黑	hēi	3

很	hěn	7
很多	hěn duō	4
红	hóng	3
红茶	hóngchá	15
后边	hòubian	4
后天	hòutiān	19
糊涂	hútu	17
花	huā	4
花椒	huājiāo	23
画	huà	8
坏了	huàile	26
换班	huàn bān	28
回	huí	24
回家	huí jiā	9
回来	huílai	9
会	huì	6
馄饨	húntun	7
火车站	huǒchēzhàn	20
火锅	huǒguō	30
或者	huòzhě	18

J

及格	jígé	13
急	jí	9
急人	jí rén	13
几	jǐ	6
挤	jǐ	19

计算机	jìsuànjī	9
加拿大人	Jiānádàrén	2
家	jiā	8
家常豆腐	jiāchángdòufu	23
驾照	jiàzhào	29
坚持	jiānchí	27
减肥	jiǎn féi	24
简单	jiǎndān	26
件	jiàn	15
健康	jiànkāng	17
健美	jiànměi	27
讲演	jiǎngyǎn	30
交	jiāo	27
交通	jiāotōng	24
教	jiāo	6
角	jiǎo	11
饺子	jiǎozi	6
叫	jiào	1
教师	jiàoshī	6
结实	jiēshí	13
节	jié	18
姐姐	jiějie	5
姐妹	jiěmèi	5
介绍	jièshào	29
今年	jīnnián	5
今天	jīntiān	17
斤	jīn	11
紧张	jǐnzhāng	16
近	jìn	20

进步	jìnbù	17
京剧	jīngjù	19
经常	jīngcháng	21
经理	jīnglǐ	8
警察	jǐngchá	6
酒	jiǔ	30
就	jiù	14
就是	jiùshì	10
舅舅	jiùjiu	5
橘子	júzi	11
句	jù	6
捐	juān	27
决定	juédìng	27

K

咖啡	kāfēi	10
卡拉OK	kǎlā'ōukèi	22
开（车）	kāi (chē)	21
开会	kāi huì	30
开始	kāishǐ	27
看(1)	kàn	13
看(2)	kàn	16
看见	kànjiàn	29
考试	kǎoshì	12
可	kě	27
可乐	kělè	10
可怜	kělián	12

可是	kěshì	13
可以	kěyǐ	14
刻	kè	17
课	kè	18
课本	kèběn	3
空调	kōngtiáo	12
空儿	kòngr	22
口语	kǒuyǔ	10
苦	kǔ	12
裤子	kùzi	16
块	kuài	11
快	kuài	13
快……了	kuài……le	28
快餐	kuàicān	9
快乐	kuàilè	17
矿泉水	kuàngquánshuǐ	10

L

拉	lā	19
来	lái	14
来得及	láidejí	28
蓝	lán	3
篮球	lánqiú	30
懒	lǎn	27
劳动节	Láodòngjié	28
老师	lǎoshī	1
老鼠	lǎoshǔ	12

姥姥	lǎolao	28
姥爷	lǎoye	28
累	lèi	6
冷	lěng	12
梨	lí	11
离	lí	21
礼貌	lǐmào	25
礼物	lǐwù	24
里	lǐ	4
里边	lǐbian	20
理发	lǐ fà	30
历史	lìshǐ	19
连衣裙	liányīqún	29
练习	liànxí	13
两(1)	liǎng	5
两(2)	liǎng	14
辆	liàng	6
了(1)	le	25
了(2)	le	26
了不起	liǎobuqǐ	25
邻居	línjū	18
淋	lín	26
零(0)	líng	5
零起点	língqǐdiǎn	6
留学生	liúxuéshēng	9
楼	lóu	2
路	lù	21
旅行	lǚxíng	13
绿	lǜ	3

绿茶	lǜchá	15
论文	lùnwén	24

M

妈妈	māma	2
麻烦	máfan	11
麻将	májiàng	18
麻婆豆腐	mápódòufu	14
马上	mǎshàng	10
吗	ma	2
买	mǎi	11
麦当劳	màidāngláo	30
卖	mài	11
馒头	mántou	7
慢	màn	25
忙	máng	6
猫	māo	4
毛	máo	11
毛笔	máobǐ	8
毛衣	máoyī	29
帽子	màozi	3
没	méi	13
没意思	méiyìsi	25
没有	méiyǒu	5
每天	měi tiān	18
美	měi	15
美国人	Měiguórén	2

妹妹	mèimei	5
门口	ménkǒu	4
米饭	mǐfàn	7
面条	miàntiáo	6
苗条	miáotiáo	27
名	míng	6
名字	míngzi	1
明白	míngbai	30
明天	míngtiān	13
摩托车	mótuōchē	21
茉莉花茶	mòlìhuāchá	15

N

拿(1)	ná	13
拿(2)	ná	26
哪	nǎ	2
哪儿	nǎr	3
哪儿有……	nǎr yǒu……	13
哪个	nǎge	8
哪些	nǎxiē	23
那	nà	15
那么	nàme	25
哪	na	13
奶奶	nǎinai	8
男	nán	2
男朋友	nánpéngyou	2
南	nán	20

难	nán	15
难过	nánguò	13
难看	nánkàn	25
呢	ne	1
内容	nèiróng	24
内衣	nèiyī	25
能	néng	23
你	nǐ	1
你们	nǐmen	4
年轻	niánqīng	25
您	nín	1
女	nǚ	2
女儿	nǚ'ér	8
女朋友	nǚpéngyou	18
女士	nǚshì	10
暖和	nuǎnhuo	27

胖	pàng	15
跑步	pǎo bù	27
泡	pào	30
陪	péi	28
盆	pén	4
朋友	péngyou	2
皮鞋	píxié	29
啤酒	píjiǔ	10
片儿	piānr	23
便宜	piányi	26
漂亮	piàoliang	12
票	piào	28
苹果	píngguǒ	11
瓶	píng	14
葡萄	pútao	11
葡萄酒	pútaojiǔ	15

O

哦	ò	8

P

爬	pá	19
怕	pà	12
盘	pán	14
旁边	pángbiān	4

Q

妻	qī	6
奇怪	qíguài	3
骑	qí	21
棋	qí	13
起	qǐ	26
起床	qǐ chuáng	18
铅笔	qiānbǐ	3
前	qián	20
前边	qiánbian	4

钱	qián	11
钱包	qiánbāo	3
抢购	qiǎnggòu	26
晴天	qíngtiān	19
请	qǐng	10
请假	qǐng jià	28
请问	qǐng wèn	7
球鞋	qiúxié	3
去	qù	6
裙子	qúnzi	25

R

让	ràng	15
饶	ráo	27
热	rè	6
热闹	rènao	26
人	rén	6
人民日报	Rénmín Rìbào	7
日本	Rìběn	7
日本人	Rìběnrén	2
日语	Rìyǔ	6
容易	róngyì	24

S

散文	sǎnwén	23
色	sè	3

沙发	shāfā	4
沙拉	shālā	22
山	shān	19
商场	shāngchǎng	25
商店	shāngdiàn	6
商量	shāngliang	24
上海	Shànghǎi	22
上课	shàng kè	17
上面	shàngmian	4
上午	shàngwǔ	18
烧卖	shāomài	7
烧茄子	shāoqiézi	23
少	shǎo	11
谁	shéi	8
身	shēn	25
身体	shēntǐ	17
什么	shénme	1
什么时候	shénme shíhou	9
什么样	shénmeyàng	29
生日	shēngrì	17
圣诞节	Shèngdànjié	28
诗歌	shīgē	23
湿	shī	26
十三陵	Shísānlíng	21
十字路口	shízì lùkǒu	20
时候	shíhou	9
时间	shíjiān	13
食堂	shítáng	22
事	shì	9

是	shì	1
收拾	shōushi	13
手	shǒu	29
手表	shǒubiǎo	3
手套	shǒutào	16
售货员	shòuhuòyuán	11
瘦	shòu	11
书	shū	4
书包	shūbāo	3
书店	shūdiàn	20
书法	shūfǎ	13
书架	shūjià	4
叔叔	shūshu	5
舒服	shūfu	24
束	shù	29
数学	shùxué	19
双	shuāng	16
水果	shuǐguǒ	15
水平	shuǐpíng	24
睡	shuì	26
睡觉	shuì jiào	18
顺利	shùnlì	17
说	shuō	6
说……就……	shuō…… jiù……	26
说话算数	shuōhuàsuànshù	29
死	sǐ	12
素炒土豆丝	sùchǎotǔdòusī	23
速递公司	sùdìgōngsī	9
宿舍	sùshè	9

酸辣汤	suānlàtāng	14
算是	suànshì	23
岁	suì	5

T

他	tā	2
他们	tāmen	10
她	tā	8
太	tài	24
太……了	tài …… le	15
太极拳	tàijíquán	18
太阳	tàiyang	26
泰国人	Tàiguórén	2
弹	tán	19
汤	tāng	15
糖	táng	15
躺	tǎng	12
桃	táo	11
讨厌	tǎoyàn	12
套	tào	25
T恤衫	Txùshān	29
踢	tī	18
天安门	Tiān'ānmén	20
天儿	tiānr	27
天气	tiānqì	19
条	tiáo	14
跳	tiào	30

187

跳舞	tiào wǔ	22
听(1)	tīng	13
听(2)	tīng	14
听说	tīngshuō	12
挺……的	tǐng……de	27
同事	tóngshì	10
同屋	tóngwū	2
同学	tóngxué	2
图书馆	túshūguǎn	13

W

袜子	wàzi	25
哇	wa	29
外	wài	20
外面	wàimian	25
玩儿	wánr	28
玩儿命	wánrmìng	24
晚上	wǎnshang	22
碗	wǎn	14
网吧	wǎngbā	30
网球	wǎngqiú	18
往	wǎng	20
为了	wèile	27
为什么	wèi shénme	15
位	wèi	2
喂	wéi	9
问	wèn	30
问题	wèntí	30

我	wǒ	1
我们	wǒmen	1
污染	wūrǎn	27
午饭	wǔfàn	18
武打	wǔdǎ	23

X

西	xī	20
西班牙人	Xībānyárén	2
西服	xīfú	25
西瓜	xīguā	11
洗	xǐ	13
洗衣机	xǐyījī	4
洗澡	xǐ zǎo	30
喜欢	xǐhuan	4
下	xià	22
下(棋)	xià(qí)	13
下（雨）	xià(yǔ)	12
下班	xià bān	9
下课	xià kè	9
下午	xiàwǔ	18
夏天	xiàtiān	12
先生	xiānsheng	8
鲜花	xiānhuā	29
现在	xiànzài	8
馅儿饼	xiànrbǐng	23
羡慕	xiànmù	29
相信	xiāngxìn	29

香	xiāng	25
香菜	xiāngcài	23
香蕉	xiāngjiāo	11
香酥鸡	xiāngsūjī	14
箱	xiāng	11
想	xiǎng	9
像	xiàng	29
橡皮	xiàngpí	3
小	xiǎo	8
小号	xiǎo hào	16
小姐	xiǎojie	7
小时	xiǎoshí	21
小说	xiǎoshuō	13
小提琴	xiǎotíqín	19
校长	xiàozhǎng	10
校门	xiàomén	25
鞋	xié	16
写	xiě	18
谢谢	xièxie	10
新加坡人	Xīnjiāpōrén	2
新年	xīnnián	17
新西兰人	Xīnxīlánrén	2
信	xìn	24
星期二	xīngqī'èr	17
星期六	xīngqīliù	17
星期日	xīngqīrì	17
星期三	xīngqīsān	17
星期四	xīngqīsì	17
星期五	xīngqīwǔ	17
星期一	xīngqīyī	17

行	xíng	23
姓	xìng	1
兄弟	xiōngdì	5
休息	xiūxi	24
选课	xuǎn kè	28
学	xué	18
学费	xuéfèi	27
学生	xuésheng	1
学习	xuéxí	13
学校	xuéxiào	21
雪	xuě	19
雪碧	xuěbì	15

Y

呀	ya	13
严重	yánzhòng	27
样子	yàngzi	25
要(1)	yào	11
要(2)	yào	19
要是	yàoshi	21
要是……就……	yàoshi……jiù……	28
钥匙	yàoshi	3
爷爷	yéye	2
也	yě	1
一定	yídìng	22
一共	yígòng	6
(一)下	(yí)xià	10

一般	yìbān	22
(一)点儿	(yì)diǎnr	10
衣服	yīfu	13
医生	yīshēng	15
姨	yí	5
颐和园	Yíhéyuán	21
椅子	yǐzi	4
意大利	Yìdàlì	7
意大利人	Yìdàlìrén	2
阴天	yīntiān	19
音乐	yīnyuè	13
音乐会	yīnyuèhuì	30
银行	yínháng	9
饮料	yǐnliào	15
印度	Yìndù	7
印度尼西亚人	Yìndùníxīyàrén	2
印度人	Yìndùrén	2
应该	yīnggāi	5
英国人	Yīngguórén	2
英汉词典	Yīng-Hàn Cídiǎn	7
英语	Yīngyǔ	6
樱桃	yīngtao	11
用	yòng	8
用功	yòng gōng	12
幽默	yōumò	12
邮局	yóujú	9
游乐场	yóulèchǎng	21
游泳	yóu yǒng	18
有	yǒu	3
有的	yǒude	6
有点儿	yǒudiǎnr	16
有什么用	yǒu shénme yòng	13
有些	yǒuxiē	30
又	yòu	17
右	yòu	20
右边	yòubian	4
幼儿园	yòu'éryuán	21
鱼	yú	14
鱼香肉丝	yúxiāngròusī	14
雨伞	yǔsǎn	3
浴缸	yùgāng	12
预报	yùbào	19
元	yuán	11
圆明园	Yuánmíngyuán	21
圆珠笔	yuánzhūbǐ	3
远	yuǎn	20
约	yuē	13
约会	yuēhuì	22
月	yuè	17
越来越……	yuèláiyuè……	27
运动	yùndòng	27
运气	yùnqi	25

Z

杂技	zájì	13
灾区	zāiqū	27

再	zài	14
在(1)	zài	4
在(1)	zài	22
在(3)	zài	30
糟糕	zāogāo	17
早	zǎo	15
早饭	zǎofàn	27
早上	zǎoshang	18
怎么	zěnme	6
怎么办	zěnme bàn	12
怎么样	zěnmeyàng	6
炸	zhá	14
战争	zhànzhēng	23
张	zhāng	6
着急	zháo jí	13
找	zhǎo	9
这	zhè	2
这儿	zhèr	7
这里	zhèlǐ	3
这么	zhème	11
着	zhe	29
真	zhēn	6
整	zhěng	17
正在	zhèngzài	30
支	zhī	6
支援	zhīyuán	27
只	zhī	4
知道	zhīdào	8
职工	zhígōng	6
只	zhǐ	3
只好	zhǐhǎo	28
至少	zhìshǎo	21
中国	Zhōngguó	1
中号	zhōnghào	16
中午	zhōngwǔ	30
中心	zhōngxīn	9
种	zhǒng	25
重	zhòng	6
周末	zhōumò	24
主任	zhǔrèn	8
主食	zhǔshí	15
祝	zhù	17
转学	zhuǎn xué	28
准备	zhǔnbèi	24
桌子	zhuōzi	4
自己	zìjǐ	18
自行车	zìxíngchē	3
总经理	zǒngjīnglǐ	10
走	zǒu	20
足球	zúqiú	18
足球报	Zúqiú Bào	7
最	zuì	16
最后	zuìhòu	25
最近	zuìjìn	24
遵守	zūnshǒu	24
左	zuǒ	20
左边	zuǒbian	4
作业	zuòyè	18

坐	zuò	10
做	zuò	18
做操	zuò cāo	27

北京大学出版社最新图书推荐（阴影为近年新书）

名称	书号	定价
汉语教材		
新概念汉语（初级本Ⅰ）（英文注释本）	06449-7	37.00
新概念汉语（初级本Ⅱ）（英文注释本）	06532-9	35.00
新概念汉语复练课本（初级本Ⅰ）（英文注释本）（内附2CD）	07539-1	40.00
新概念汉语（初级本Ⅰ）（日韩文注释本）	07533-2	37.00
新概念汉语（初级本Ⅱ）（日韩文注释本）	06534-0	35.00
新概念汉语（初级本Ⅰ）（德文注释本）	07535-9	37.00
新概念汉语（初级本Ⅱ）（德文注释本）	06536-7	35.00
汉语易读(1)（附练习手册）（日文注释本）	07412-3	45.00
汉语易读(1)教师手册	07413-1	12.00
说字解词（初级汉语教材）	05637-0	70.00
中级汉语精读教程(1)	04297-3	38.00
中级汉语精读教程(2)	04298-1	40.00
初级汉语阅读教程(1)	06531-0	35.00
初级汉语阅读教程(2)	05692-3	36.00
中级汉语阅读教程(1)	04013-X	40.00
中级汉语阅读教程(2)	04014-8	40.00
汉语新视野-标语标牌阅读	07566-9	36.00
基础实用商务汉语（修订版）	04678-2	45.00
公司汉语	05734-2	35.00
国际商务汉语教程	04661-8	33.00
短期汉语教材		
速成汉语(1)(2)(3)（修订版）	06890-5/06891-3/06892-1	14.00/16.00/17.00
魔力汉语（上）（下）（英日韩文注释本）	05993-0/05994-9	33.00/33.00
汉语快易通-初级口语听力（英日韩文注释本）	05691-5	36.00
汉语快易通-中级口语听力（英日韩文注释本）	06001-7	36.00
快乐学汉语（韩文注释本）	05104-2	22.00
快乐学汉语（英日文注释本）	05400-9	23.00
口语听力教材		
汉语发音与纠音	01260-8	10.00
初级汉语口语(1)(2)（提高篇）	06628-7/06629-5/06630-9	60.00/60.00/60.00
中级汉语口语(1)(2)（提高篇）	06631-7/06632-5/06633-3	42.00/39.00/36.00
高级汉语口语(1)(2)（提高篇）	06634-1/06635-X/06646-5	32.00/32.00/32.00

汉语初级听力教程(上)(下)	04253-1/04664-2	32.00/45.00
汉语中级听力教程(上)(下)	02128-3/02287-5	28.00/38.00
汉语高级听力教程	04092-x	30.00
新汉语中级听力(上册)	06527-2	54.00
外国人实用生活汉语(上)(下)	05995-7/05996-5	43.00/45.00

实用汉语系列

易捷汉语-实用会话(配4VCD)(英文注释本)	06636-8	书28.00/书+4VCD120.00

文化教材及读物

中国概况(修订版)	02479-7	30.00
中国传统文化与现代生活-留学生中级文化读本(I)	06002-5	38.00
中国传统文化与现代生活-留学生高级文化读本	04450-X	34.00
文化中国-中国文化阅读教程1	05810-1	38.00
解读中国-中国文化阅读教程2	05811-X	42.00

报刊教材

报纸上的中国-中文报刊阅读教程(上)	06893-X	50.00
报纸上的天下-中文报刊阅读教程(下)	06894-8	50.00

写作、语法教材

应用汉语读写教程	05562-5	25.00
留学生汉语写作进阶	06447-0	31.00
实用汉语语法(修订本)附习题解答	05096-8	75.00
简明汉语语法学习手册	05749-0	22.00

预科汉语教材

预科专业汉语教程(综合简本)	07586-3	56.00

HSK应试辅导书教材及习题

HSK汉语水平考试模拟习题集(初、中等)	04518-2	40.00
HSK汉语水平考试模拟习题集(高等)	04666-9	50.00
HSK汉语水平考试词汇自测手册	05072-0	45.00
HSK汉语水平考试(初、中等)全真模拟活页题集(模拟完整题)	05080-1	37.00
HSK汉语水平考试(初、中等)全真模拟活页题集(听力理解)	05310-X	34.00
HSK汉语水平考试(初、中等)全真模拟活页题集(语法 综合填空 阅读理解)	05311-8	50.00